왕처럼 기도하라

AUTHORITY IN PRAYER

by Dutch Sheets

Published by Bethany House Publishers
Bethany House Publishers is a division of Baker Publishing Group, Grand Rapids, Michigan

Korean translation copyright © 2006 by Togijangi Publishing House
Togijangi B/D 3F, 418-43 Mangwondong, Mapogu, Seoul 121-822, Korea

This Korean edition is published by arrangement with Bethany House Publishers, 11400 Hampshire Avenue South
Bloomington, Minnesota 55438

특별한 표기가 없는 모든 성경 구절은 개역한글성경(대한성서공회)을 인용한 것입니다.

왕처럼 기도하라

더치 쉬츠 지음 • 김애정 옮김

도서출판 토기장이

"하나님의 빛을 비추는 등대 같은 기도서"

더치 쉬츠가 쓴 「왕처럼 기도하라」는 기도의 권위에 관한 책이다. 기도하는 사람의 영적 권위를 일깨워주고, 영적 위치를 알게 해주는 책이다. 저자는 기도하는 사람은 곧 '왕 노릇 하는 사람'이라고 강조한다. 왕은 다스리는 사람, 통치하는 사람이다. 왕에게는 권위가 있다. 왕의 명령에 따라 모든 것은 다스려진다. 왕은 다스림으로 섬기는 사람이다.

더치 쉬츠는 우리가 바로 왕 중의 왕이신 하나님의 자녀라는 사실을 깨우쳐준다. 왕 같은 제사장은 곧 왕처럼 기도해야 한다고 강조한다. 따라서 그가 말하는 기도는 '통치적인 기도'이다. 기도를 통해 열방을 다스리고, 환경을 다스리고, 역사를 다스리고, 사탄을 다스려야 한다는 것이다. 이때 우리의 기도는 개인을 뛰어넘어 가정, 사회, 나라를 위한 중보기도로 확장된다.

저자는 중보기도자란 아담이 상실한 권위를 예수님께 다시 부여받은 사람임을 상기시켜 준다. 하나님은 아담을 만드시고, 그에게 하나님이 만드신 피조물에 대해 통치의 권위를 부여하셨다.창 1:28 또한 에덴동산을 다스리며 지키게 하셨다.창 2:15 아담은 하나님께 받은 권세를 가지고 에덴동산을 사단으로부터 지켜야 했다. 그러나 그는 그의 책임을 완수하지 못했다. 오히려 사탄의 유혹에 넘어가 그의 권위를 상실하고 말았다. 통치를 하며 살아야 할 인간이 오히려 사탄의 권세 아래 눌려 살게 된 것이다. 즉, 흑암의 권세 아래 놓여 살게 되었던 것이다.

하나님이 이 땅에 예수님을 보내신 것은 아담이 상실한 인간의 권위를 회복시켜 주시기 위함이다. 예수님은 하늘과 땅의 모든 권세를 가지신 왕이시다.마 28:18 이제 하나님은 예수님의 권세에 복종하는 모든 사람에게 예수님이 소유하신 권세를 부여해 주신다.

저자는 이 책에서 기도하는 그리스도인의 정체성을 밝혀준다. 진정한 그리스도인의 영적 위치를 계시해준다. 왕중의 왕이신 하나님과 더불어 생활하고, 왕의 권위를 부여받아, 왕처럼 통치하는 그리스도인의 위치를 가르쳐준다. 이 책은 예수님을 믿는 우리가 누구인가를 알고, 어떻게 살아야 할 것인가를 가르쳐준다. 저자는, 우리가 이 땅에서 이미 승리자요, 통치자요, 왕 같은 제사장임을 거듭 가르쳐준다.

나는 이 책을 읽으면서 중보기도가 세계를 통치하고 있음을 새삼 경험했다. 중보기도를 통해 세계 역사의 판도가 얼마든지 바뀔 수 있음을 알게 되었다. 부모의 중보기도가 자녀들을 지켜주고, 보호해준다는 사실을 다시 확인하게 되었다.

저자는 기도의 사람이다. 기도의 능력을 경험한 사람이다. 기도를 생명처럼 여기며 살고 있는 사람이다. 그의 핵심사역은 중보기도이다. 저자는 그의 삶으로 이 책을 썼다. 그래서 이 책은 살아 있다. 이 책을 읽으면 저자가 기도하는 소리를 듣게 된다. 이 책을 읽으면 성령님의 숨결을 느끼게 된다. 이 책을 읽으면 하나님의 손길을 느낀다. 탁월한 영적 통찰력이 각 장마다 춤추는 것을 느낀다. 이 책은 기도의 보배이다.

이 책은 등대와 같은 책이다. 이 책은 기도하는 사람들에게 빛을 비추어준다. 어둠을 밝혀주고, 가야 할 길을 보여준다. 빛을 통해 식물이 살듯이, 영혼은 하나님의 빛을 통해 산다. 이 책을 읽으면 영혼을 소생케 하는 하나님의 얼굴빛을 대하게 된다.

나는 이 책이 세상 속에서 넉넉히 이기는 모든 그리스도인들의 손에 들려지기를 소원한다. 특히 자녀를 위해 기도하는 부모들에게 추천하고 싶다. 또한 기도의 책임을 맡고 있는 영적 지도자들에게 추천하고 싶다. 날마다 영적 전쟁을 하고 있는 목회자들에게 추천하고 싶다.

강 준 민(L.A. 동양선교교회 담임목사)

차 례

1장

누가 책임자인가?

우리 집 개 메르세데스 복서 종인 녀석은 암컷인데 하도 못생겨서 이름만은 멋지게 지어주었다 가 나를 이겨보려고 나섰던 날이 기억난다. 녀석은 어렸고 우리는 둘 다 집에서 주도권을 확립하기 위해 한창 애쓰는 중이었다. 나는 축구 경기를 보면서 마룻바닥에 누워 있었고, 아주 점잖게 표현하자면, 녀석은 어슬렁어슬렁 다가와 내 가슴팍 바로 앞에 앉았다. 그러더니 제 가슴을 내밀고 고개를 쳐들고는 무시하는 눈초리로 나를 힐끗 쳐다보았다. 그리고 그 방의 다른 모든 이들에게 교만한 시선을 보내는 것이었다. 다시 말해, "내가 여기 책임자이다. 모두 내게 복종하라"는 식이었다.

메르세데스는 덩치가 상당히 큰 데다 이미 다 큰 어른 개였다. 그런 녀석이 내 앞에 엉덩이를 들이밀자 나는 자존심이 상한 것은 둘째치고 우선은 불편했다. 아내와 딸들은 그저 웃기만 할 뿐이었다. 가재는 게 편이라고 모든 여자들은 한통속이었다. 나는 메르세데스에게 떨어지라고 명령함으로써 곧 눌려 있던 나의 권위를 찾았다. 예상대로 녀석은 주인 말에 복종했고 2~3분 안에 그 자리를 떴다. 주도권 싸움에서 나는 승리를 거두었고 그 후로 줄곧 명령을 내리는 입장에 있다.

그런데 사람과 개 사이에서만 "누가 책임자인가?" 하는 문제로 싸우게 되는 것 같지는 않다. 그것은 이 땅에서 일어나는 모든 갈등의 핵심이다. 그 문제는 하늘에서 하나님의 가슴을 짓누르려 했던 루시퍼사탄의 마음 가운데서 생겨났고, 그가 에덴동산의 아담과 하와를 찾아갔을 때 이 땅에 퍼졌다. 사탄은 악의에 찬 속임수를 내뱉었고, 아담 이후의 인간들 또한 하나님의 가슴에 올라앉으려고 했다. 이리저리 걸려 넘어지고 어디로 가야 할지 몰라 방황하면서 말이다. 주도권 싸움은 인생의 전 영역에서 일어나는 것 같다.

• 여자들과 남자들은 남녀 관계에서 주도권을 잡으려고 애쓴다.
• 부모와 자녀들은 '어떻게 집안 일을 분담할 것인가' 하는 문제로 다툼을 벌인다.
• 형제들은 장난감이나 옷, TV 등의 주도권을 잡으려고 투닥댄다.
• 회사들은 다양한 고객과 투자 시장을 독점하기 위해 경쟁한다.
• 스포츠 팀들은 최고의 자리에 오르기 위해 경기를 벌인다.
• 각 정당은 차기 이 나라의 여당이 되기 위해 분투한다.
• 국가 지도자들은 영토와 국민, 나라의 부를 지배하며 전쟁을 벌인다.

이처럼 누구나 책임자가 되기를 원한다. 그러면 외적인 관계가 아닌 내적인 영역에서는 어떠한가?

당신의 세상을 다스리는 자는 누구인가? 나는 지금 이 세상 전체를 가리키는 대단한 차원에서 말하는 게 아니다. 다만 당신이 매일 살아가고 있는, 개인적인 세상에 대해 말하고 있는 것이다. 당신의 가정, 직장, 사회에 대해 말하고 있는 것이다. 하나님은 어떤 영역에서도 당신이 지배당하도록 의도하지 않으셨다. 그분은 인생을 스스로 주관할 수 있는 권리를 당신에게 주셨다.

나의 세상을 다스리기

몇 년 전 하나님은 나의 세상을 다스리는 것과 관련해 내게 말씀하기 시작하셨다. 나의 집, 재정, 건강, 그리고 나의 생각에 대해서도 말씀하셨다. 그분은 이제까지 넓혀온 영역 안에서 내 주변의 세상을 다스리는 것에 대해서도 가르치기 시작하셨다. 하나님은 실제로 도시와 주, 나라에 영향을 끼치는 데 나를 사용하기 원하셨고, 놀라운 기도제목을 주시며 가서 기도하라고 50개의 주에 나를 수십 차례나 보내셨다.

이 책에서 나는 하나님이 내게 가르쳐주신 것들을 당신과 나누고 싶다. 내가 배운 많은 것들은 실제 사례로부터 얻은 교훈들과 문제 제기에서 나온 것들이다. 절망의 경험은 종종 영감을 낳는다. 내가 공항에서 보낸 그날처럼….

나는 이제 막 새로운 일을 시작하려고 했기에 바짝 긴장하고 있었다. 2003년과 2004년에 걸쳐 나의 동역자 척 피어스와 함께 50개 주를 순방하며 기도 집회를 열고 있을 때였다.[1] 흔히 그랬듯이 나는 다른 주에 가서 강연을 하고 그날 저녁과 다음날 아침까지 이어지는 대규모의 기도 집회를 인도해야 했기에 비행기를 타러 일찌감치 집을 나섰다.

좌석 표를 구하기 위해 티켓 창구 앞에 줄 서 있을 때, 시간이 흐를수록 점점 더 혼란스러운 일이 일어났다. 나는 공항 직원이 새로운 시스템을 배우고 있는지도, 그들의 컴퓨터가 맛이 가 있는지도, 아니 무슨 일이 일어나고 있는지도 몰랐다. 다만 모든 것이 완전히 뒤죽박죽되어 일이 지연되고 있다는 사실은 분명했다.

약간 늦은 상태였고 꼼짝하지도 않는 줄에서 20분을 기다리고 나니 상당히 초조해졌다. 뱃속이 꼬이는 것 같았고 근심 지수가 급격히 치솟았다.

나만 그런 것은 아니었다. 사람들은 줄 앞으로 몰려들기 시작했다. 비행기를 놓치고 싶지 않으니 빨리 일을 처리하라는 외침이 여기저기서 터져나왔다. 그리고 믿거나 말거나 공항 직원들도 적반하장격으로 해볼 테면 해보라는 식으로 나오기 시작했다. 그런 광경은 일찍이 본 적이 없었다. 그 상황에서 한 여자가 비행기를 놓치고 싶지 않다고 꽥 소리를 지르더니 티켓 창구를 향해 협박이라도 하듯 줄 서 있던 사람들을 밀치고 나오기 시작했다.

순간 내 친구이자 성경 교사인 존 도슨에 관한 이야기가 떠올랐다. 그는 공항에서 줄을 서 있는데 뒤에 있는 여자가 불만에 가득 차서 불쾌해한 적이 있다고 했다. 그는 그녀에게 자기 자리를 내주면서 하나님의 사랑을 전해야겠다고 마음먹었다. 나는 '존 도슨이 받은 기름부음'을 받게 해달라고 기도했지만 소용없었다. 나는 그녀에게 내 자리를 양보해줄 수는 없었다. 나는 존 못지않게 그리스도를 닮으려고 애쓴다. 다만 하나님이 내게 도슨보다 더 불 같은 성품을 주셨을 뿐이다.

그러나 그녀가 정작 내 자리 근처까지 왔을 때 나는 그녀를 어떤 식으로도 말릴 방도가 없다는 생각이 들었다. 그녀는 성질 고약한 프로레슬링 선수처럼 보였다. 나를 비롯해 줄 서 있던 사람들 모두 그녀가 앞으로 나갈 수 있게 뒤로 물러났다.

이때까지 나는 꼼짝없이 비행기를 놓치고 척 혼자 집회에 가게 생겼구나 생각했다. 그런 후 물밀 듯 밀려오는 절망감 속에서 특별한 확신과 기대도 없이 그저 "주님, 어떻게든 이 혼란을 막아주시고 비행기에 탈 수 있게 해주십시오"라고 기도하였다.

그러자 내 안에 "이것은 전적으로 사탄이 너의 임무를 방해하려고 벌이는 일들이란다"라는 음성이 들렸다. 나는 "그러므로 나 바울은 한 번 두 번 너희에게 가고자 하였으나 사단이 우리를 막았도다"살전 2:18라는 말씀을 기억하면서 그럴 수 있겠다는 깨달음이 들었다. 그래서 나는 "그렇다면 성령님이 어떻게든 해보세요"라고 조용히 속삭였다. 성령님은 내게 뭔가를 가르치려 하셨다.

"아니, 네가 뭔가를 해야 한다. 네 임무를 방해하는 사탄의 공작이 무력해지도록 내가 네게 준 권위를 가지고 나아가 명령하거라. 너에게 특권이 있음을 선포하거라. 그러면 제시간에 집회에 도착할 수 있을 것이다."

나는 성령님께 지시받은 대로 했고 그런 다음 "이제, 네 오른쪽, 카운터 끝에 가서 기다리라"는 이끌림에 따라 직원이 앉아 있지도 않은 맨 끝 창구 앞에 가서 섰다. 얼마 후 한 관리자가 다가오더니 친절하게 말을 걸어왔다.

"뭘 도와드릴까요, 손님?"

"네, 저는 여차여차한 비행기 표를 갖고 있는데요" 하며 나는 신분증을 그에게 내밀었고 그는 내 짐을 검사하더니 탑승권을 주었다. 놀랍게도, 내가 통과한 출입문은 일등석 승객이 이용하는 문이었다.

나는 매우 신이 나서 주님께 "주님이 무엇을 가르쳐 주시든 그것을 확실히 배우겠습니다"라고 말했다.

하나님이 주신 주도권

하나님은 그분의 권위 아래에서 당신이 당신의 세상을 주도할 수 있는 힘을 주셨다. 당신이 이 세상을 다스리기를 원하시는 것이다. 죄나 사탄의 능력, 부정적인 환경 또는 어떤 외부의 힘이 당신의 세상을 다스리는 것을 원치 않으신다. 나는 이것이 특별한 경험이라는 사실을 깨달았다. 바울처럼 나는 여러 차례 사탄의 방해를 받았다. 그럴 때조차 하나님은 마귀나 그의 수하들이 나를 짓누르는 것을 원치 않으신다.

누가 통제하는가의 문제는 일종의 통치상의 문제이다. '통치' government 하면 오로지 국가적인 차원에서만 생각하는 경우가 많지만, 웹스터 사전의 정의에 의하면, 그 의미는 '지시하고 관리하는 것, 권위를 가지고 규제하는 것, 영향을 끼치는 것, 지도하는 것, 구속하는 것, 어떤 과정의 방향을 잡거나 조정하는 것, 권위를 행사하는 것, 우위를 유지하는 것' [2]이다. 권위를 행사하는 것이 곧 통치하는 것이다. 그러므로 권위를 가지고 기도하는 것은 '통치적인 기도' 라고 할 수 있다. 그러므로 본질적인 면에서 이 책은 통치에 관한 내용을 담고 있다. 정치적인 통치가 아닌 기도로 행하는 통치 말이다! 정치가들과 정부 관리들은 사람들이 만든

법률과 규칙들로 법령을 만들어 통치하는 반면, 우리는 영적인 법률과 원리, 그리고 행동들을 선포하며 통치한다.

성경이 다루는 주요 주제 가운데 하나는 통치상의 권위이다. 성경에 나오는 주요 싸움들은 "누가 인간을 다스릴 것인가?", "누가 세상을 다스릴 것인가?"라는 문제에서 일어난 것들이다. 첫 번째 질문에 대한 답이 두 번째 질문에 대한 답을 결정하는 과정을 살펴보면서, 우리는 "누가 이 땅의 책임자인가?"라는 질문에 대한 답을 찾게 될 것이다. 많은 방식으로 전쟁은 당신과 나, 그리고 우리가 누구의 말을 경청하느냐와 관련되어 있다.

선과 악의 힘, 생명과 죽음, 진실과 기만으로 나뉘는 하나님과 사탄은 처음부터 당신과 함께 이 땅을 통치하고자 한다. 하나님이 세상에 의도하신 대로 당신이 통치하는 법을 배울수록 그분의 나라는 번창할 것이다. 물론 하나님과 하나님의 선하신 뜻은 결국에는 승리할 것이다. 우리는 이것을 약속받았다.

"하나님이 세상에 의도하신 대로 당신이 통치하는 법을 배울수록 그분의 나라는 번창할 것이다."

"또 저희를 미혹하는 마귀가 불과 유황 못에 던지우니 거기는 그 짐승과 거짓 선지자도 있어 세세토록 밤낮 괴로움을 받으리라." 계 20:10

그러나 하나님은 우리 각자가 지금, 매일, 어떤 환경에서든 우리의 개인적인 세상을 통치하는 가운데 악과 맞서 싸워 승리할 수 있기를 원하신다. 그런 후에야 우리는 이 땅을 다스리시는 하나님의 전반적인 통치 가운데 합류할 수 있다. 악과 맞서 싸우며 생명을 구하는 하나님의 전투에 적극적으로 참여하게 되는 것이다.

당신은 실제로 다스리고, 통치하고, 권위를 행사하는 기질로 창조되었다. 당신은 '지시하고 관리하도록, 우위를 유지하도록' 창조되었지, 다른 사람들과 악의 세력 또는 불행한 환경에 지배당하도록 창조되지 않았다. 당신은 승리자, 통치자이다. 하나님이 주신 이러한 성향이 교만과 이기적인 야망 창 3장 에 오염되어 그 순수성을 대부분 잃어버렸다 할지라도, 인간의 내면에 든 세상을 통치하고자 하는 갈망은 다름 아닌 하나님이 주신 것이다.

우리는 왕이신 하나님, 모든 것들의 창조주요 주인이신 그분의 자녀이다. 그러므로 필연적으로 유전자 깊은 곳에 다스림의 갈망과 권리를 가지고 있다. 하나님은 이러한 동기에 대해 말씀하신다.

"한 사람 아담 의 범죄를 인하여 사망이 그 한 사람으로 말미암아 왕 노릇 하였은즉 더욱 은혜와 의의 선물을 넘치게

받는 자들이 한 분 예수 그리스도로 말미암아 생명 안에서 왕 노릇 하리로다." 롬 5:17

이 구절에서 '왕 노릇 한다'는 것은 왕 또는 여왕이 되어 다스린다는 의미이다.[3] 가장 높으신 하나님의 아들과 딸인 우리의 왕족적인 본성에 대해 말하는 것이다. 같은 의미로 우리는 '왕 같은 제사장'이라고 불린다. 벧전 2:9 우리의 다스리는 본성을 또다시 언급하고 있는 것이다. 왕의 자녀들은 언제나 세상에서 다스리고 왕 노릇 하며 인생에서 승리하게 되어 있다. 그렇게 되기 위해 우리는 권위를 가지고 기도하는 법과 기도로 세상을 다스리는 법을 배워야 한다.

왕의 본성

J. K. 그레세트는 가족과 함께 애리조나 사막의 한 농장에 정착한 사무엘 스컬에 대한 이야기를 쓰고 있다.

어느 날 밤 사나운 사막 폭풍이 비와 우박과 모진 바람과 함께 몰아쳤다. 새벽에 사무엘은 두려움을 무릅쓰고 얼마나 손실이 났는지 알아보러 밖에 나갔다. 우박이 정원을 초토화시켰고 마당에 온갖 파편들이 떨어져 있었다. 집 지붕은 군데군데 뜯기었고, 닭장은 바람에 날아가 버렸으며, 죽은 닭들이 여기저기 흩어져 있었다. 온통 파괴와 황폐의 현장이었다.

엉망진창이 된 것들을 어림잡아 보고 앞으로 어떻게 할지 망연자실해하며 서 있는데 문득 닭장의 잔재인 나무더미 속에서 뭔가 움직이는 소리가 들렸다. 수탉 한 마리가 잔해를 헤치고 기어 올라오고 있었다. 녀석은 쉬지 않고 잔해더미 꼭대기에 올랐다. 그 늙은 수탉은 물을 뚝뚝 흘리고 있었고 깃털은 대부분 뽑혀 있었다. 하지만 태양이 동쪽 하늘에 떠오르자 녀석은 앙상한 날개를 퍼덕거리더니 의기양양하게 "꼬끼오" 하고 목청을 뽑았다.[4)]

왜 힘도 다 빠진 이 수탉은 목청을 뽑기 위해 한사코 잔해더미 위에 올라갔을까? 그것은 녀석의 본성이기 때문이다. 녀석의 유전인자는 새날의 시작을 알리도록 짜여 있는 것이다. 본성에 충실한 녀석은 헐벗은 가슴을 내밀고는 "일어나라, 세상아! 새날이 밝았다!"라고 외쳤다.

우리도 그와 같다. 우리 유전인자 깊은 곳에는 왕의 본성이 들어 있다. 그 왕은 우리 내면의 본성 속에 들어 있다가 우리가 때때로 거친 돌더미 아래 묻힌 상황에 처할 때 "이 모든 일에…우리가 넉넉히 이긴다"롬 8:37고 우리에게 말한다. 우리는 다스리는 존재로 지음 받았다!

사실 나는 이 책이 표현만 그럴듯한 여러 책들 가운데

하나로 받아들여지기를 원하지 않는다. 특히 '다스림과 통치', '승리자 이상의 존재 되기' 등과 관련된 영역에서 그러하다. 이러한 표현들이 성경적이고, 나 또한 이 책에서 그러한 표현들을 사용하겠지만, 많은 그리스도인들에게 그것은 현실이 아니라 희망사항이다. 수반되어야 할 능력이나 내용 없는 말과 행동들은 '경건의 모양은 있으나 경건의 능력은 없는 신앙' 딤후 3:5을 가리킨다.

이와 같은 표현들은 그리스도인들이 종종 종교적인 부정을 기분 좋게 표현하는 어법으로 쓰일 뿐이다. 이는 '승리'와 관련된 슬로건과 구절들을 읊어대는 경향에서 나온다. 그럼에도 많은 신자들이 이와 같은 표현 속에서 자신이 승리자로 불린다고 여기며 스스로도 승리자라고 생각하는데 충분히 그럴 만도 하다. 그러나 현실에서 사람들은 상황에 두들겨 맞고 가는 곳마다 적에게 짓밟힌다. 그리스도의 풍성한 삶은 그들에게 하나의 매력적인 희망사항일 뿐이다. 설령 취지는 좋다 할지라도 현실은 그렇지 못하다. 우리의 참담한 현실은 다음과 같다.

- 우리의 마음은 죄와 회의적인 생각들에 지배를 받는다.
- 우리의 결혼생활은 주변 세상이 그러하듯 평탄하지 못하다.

- 우리의 자녀들은 하나님의 계심이나 나타나심에 의심을 품으며 자라난다.
- 회사 사장이 하나님을 알지 못하기 때문에 우리의 직장 일들도 파행을 겪고 있다.
- 우리는 불신자들과 똑같이 스트레스를 받으며 생활하고 참다운 평안이나 기쁨을 거의 느끼지 못하고 있다. 구원받지 못한 대부분의 사람들은 하나님의 필요성을 깨닫지 못하고 있다. "하나님을 믿는다고 뭐가 달라지는가?"라고 그들은 묻는다.
- 우리는 최고의 능력을 지닌 하나님에 대해 말하면서도 기도는 거의 하지 않는다. 응답을 체험하는 일은 더더욱 드물다.
- 우리는 "이 산지를 내게 주소서"라고 힘차게 노래하지만 아직 취한 곳이 한 군데도 없다. 적어도 우리 주변에서는 그러하다.

이 사회의 불신자들과 우리의 많은 자녀들은 왜 우리가 현실성 없는 종교적인 가공의 세상에서, 능력 없는 의식을 행하며 살아가는지 궁금해한다. 그런 가운데 우리는 알아들을 수 없는 말을 배우고 자기 부정을 생활화하며 매주 교회에 예배를 드리러 간다. 여기서 잘못된 점은 무엇인가?

우리 안에 무언가 변화가 일어나야 하고 그러한 변화는 일어날 수 있다. 하나님은 전능하신 분이고 그분이 우리에게 말씀하시는 것은 모두 진실이다. 그분의 약속은 참으로 그리스도 안에서 "예", "아멘"이라고 답할 수 있는 것들이다. 고후 1:20 우리는 참으로 인생의 지배자이자 승리자가 될 수 있다. 하나님은 우리가 개인적인 세상에서 책임자로 나서고 나아가 주변 세상에서도 변화를 일으키며 그렇게 될 수 있도록 하신다. 우리를 짓누르는 죄와 사탄 또는 주변 환경들에 우리가 굴복할 이유가 없다.

개인적인 세상 당신의 생각들, 행동들, 그리고 궁극적으로 하나님이 주신 운명 에서부터 시작한다면 당신은 책임자가 될 수 있다. 권위는 당신의 것이다.

그런 다음 보다 넓은 세상 당신의 가정, 직장, 그리고 사회 에서 하나님이 당신에게 위임하신 통치권을 행사할 때 하나님은 당신을 뒷받침해 주실 것이다. 권위의 원리들을 만들고 높이신 분이 바로 하나님이기 때문이다.

하나님의 최종적인 계획은 영향력과 권위를 보다 폭넓게 발휘할 수 있는 영역 당신을 둘러싼 온 세상 에서 당신을 그분의 동역자로 삼으시는 것이다. 온 땅의 주권자이신 예수님은 당신과 당신의 기도를 통해 각

"당신은 이 땅을 위해 "누가 책임자인가?"라는 질문에 답할 수 있는 크나큰 특권을 받았다."

기관들과 문화, 사회, 그리고 정부를 다스리기 원하신다. 그분에게는 당신이 필요하다. 당신의 선택은 중요하고 당신의 참여는 중대한 의미를 지닌다. 당신은 이 땅을 위해 "누가 책임자인가?"라는 질문에 답할 수 있는 크나큰 특권을 받았다.

나는 당신이 이 질문에 명쾌하고 단호하게 대답하며 사탄의 가슴팍 위에 올라앉도록 돕고 싶다.

2장

능력과 권위는 다르다

그녀의 진짜 이름은 기억나지 않지만 나는 그녀를 그저 '얼간이' 라고 불렀기에 그것은 별 문제되지 않는다. 그녀는 고집이 세고 우둔한 데다 힘까지 셌다. 여태껏 나는 그녀를 잊을 수가 없다. 내가 말을 너무 심하게 한다고 속단하지는 말라. 여기서 그녀란 다름 아닌 어떤 '말' 을 가리키는 것이니까.

일주일에 걸쳐 치른 자기통제 시험에서 나를 나무랄 사람은 아무도 없다. 나는 그 시험을 훌륭히 치러냈다. 사실 그 해에 사냥을 나갈 때 말들을 빌려야겠다는 어처구니없는 생각을 한 사람은 바로 나였다. '가족들을 즐겁게 하기 위한' 연례행사에 옛 서부 스타일을 접목시켜 보자는 낭만적인 결정이 그릇된 것이었을까. 어쩌면 '굿바이 뉴욕 굿모닝 내 사랑' City Slickers이나 서부 개척 영화 대작들을 봐서 그랬는지도 모른다. 어쨌든 그 얼간이 이야기로 들어가보자.

"말을 타고 사냥해본 경험이 많으세요?"라고 남자는 말들을 꺼내오면서 물었다. "물론이죠"라고 나는 자신만만하게 대답하며 이렇게 말했다.

"저 가죽 끈에 달린 고급스럽고 작은 매듭을 어떻게 안장에 부착시킬지만 알려주시면 됩니다. 잠깐이면 되겠죠?"

남자는 얼굴 가득 미소를 띠더니 어떻게 하는지 내게 알려주었고 곧이어 자기 할 일을 하러 갔다. 다음날, 어제 배운 대로 나는 가죽 끈 매듭을 안장에 걸었는데, 실상 보기와는 달리 30분이나 걸렸고 우리는 드디어 산꼭대기를 향해 출발했다. '얼간이'는 오르막길에서는 제 역할을 잘해냈다.

그러나 몇 시간 동안 사냥을 한 후에 말들이 있는 곳으로 돌아왔을 때 모든 것들이 달라져 있었다. 내가 가지고 있는 말 상식에 의하면, 말을 탄 채로 사격을 하면 안 된다.

그럴 경우 녀석들이 난폭하게 반응할 것이기 때문이다. 그래서 우리는 사냥을 하러 주변을 다니는 동안에 녀석들을 덤불에 묶어놓았다. 말들이 아무것도 먹지도 마시지도 못한 채 몇 시간 동안 덤불에 묶여 있는 것을 좋아할 것 같지는 않았지만 그래도 어쩔 도리가 없다고 생각했다. 그런데 우려한 대로 과연 우리가 산에서 내려가려고 돌아왔을 때 말들은 완전히 맛이 가 있었다.

'얼간이'는 제대로 서 있으려고도 하지 않았다. 그래서 소지품들을 내가 직접 멜 수밖에 없었다. 그런데도 녀석은 내가 등에 타고 있는 한, 여전히 설 생각을 하지 않았다. 몹시 가파른 길에 있었기에 내리막길에서 손을 뻗어 녀석의 안장에 매듭을 걸기도 어려웠다. 게다가 녀석은 오르막길 쪽의 덤불로는 가까이 올라오려고 하지 않았다.

설상가상으로 나는 이미 녀석을 풀어 놓은 상태였다. 고삐가 너무 길어서 녀석의 등에서 고삐를 충분히 풀 수 있을 만큼 손이 닿지 않았기 때문이다. 그러자 진짜 심각한 문제가 일어났다. 내리막길인 데다가 활동성이 떨어지는 두꺼운 사냥복을 입고 있었기 때문에 말에 오르기 위해 다리를 충분히 높이 올릴 수 없었던 것이다. 나는 말에 올라탈 수 없었다.

그런데 '얼간이'는 갈 채비를 하고 있었다. 동생 팀이 간신히 '얼간이'의 친구 등에 올라탔을 때에도 나는 여전히 녀석의 등에 올라타기 위해 녀석을 붙들고 갖은 애를 쓰고 있었다. 그 몇 분 동안 말과 나는 코미디언 콤비 홀쭉이와 뚱뚱이 아니면 로데오 선수처럼 보였을 것이다. 동생이 마침내 말에 올라타자 동생의 말은 그쯤 하면 캠프로 떠날 준비가 됐다고 결심한 듯했다.

'얼간이' 역시 뒤에 처져 있으려고 하지 않았다. 그래서 나는 움직이는 '얼간이' 옆에 달라붙은 채 산을 내려오며 계속해서 녀석의 등에 올라타려고 버둥대야 했다. 한 손은 등자 말을 타고 앉아 두 발로 디디게 되어 있는 물건 위에 놓고, 다른 한 손으로는 고삐를 잡고, 한 발은 폴짝폴짝 뛰면서, 다른 한 발은 등자에 뻗친 채….

"팀, 멈춰! 이렇게 가면 내가 걸음을 멈출 수가 없잖아."

나는 앞서가는 팀을 향해 소리쳤다.

"말이 멈추려고 하지 않아! 형이나 말에 올라."

팀은 되받아 소리쳤다.

그래서 마침내 내가 점프할 수 있을 만큼 평평한 곳에 이르기까지 '얼간이'와 나는 몇백 미터나 되는 산길을 그런 식으로 내려왔다. 그나마 내게 운동 신경이 있는 게 다행이었다. 그렇지 않았다면 나는 그러한 난관 속에서 살아 남지 못했을 것이다. 결국 팀을 따라잡았을 때 그는 나를 보며 이렇게 말했다.

"얼간이가 따로 없군."

"맞아, 녀석은 얼간이인 게 분명해"라고 나는 대꾸했다.

동생은 "말 말고…"처럼 들리는 무슨 말인가를 우물거렸다. 말들이 너무 빨리 움직여서 무슨 말을 하는지 제대로 알아들을 수 없었지만, 나는 바로 동생의 말에 고개를 끄덕였다. 우리는 말의 속력을 전혀 늦출 수 없었다. 녀석들은 산에서 내려오는 내내 달리고 또 달렸다.

우리가 캠프에 들이닥치는 모습은 볼 만했을 것이다. 길가에 서 있던 사람들은 여기저기 도망치기 시작했다. "이런 얼간이들이 있나!"라고 그들 가운데 한 명이 소리쳤다.

"저도 알아요!"라고 나도 되받아 소리쳤다.

'얼간이'와 관련해 한마디 더하자면, 나는 남은 주 내내 녀석을 캠프에 그대로 두었다. 녀석도 나와 사냥을 하러 나가려고 하지 않았다. 팀의 말인 '얼간이'의 친구도 상황은 마찬가지였다. 녀석들에게 먹이와 물을 주려고 갈 때마다 팀은 넌덜머리난다는 표정을 지으며 내게 이렇게 말했다.

"얼간이가 따로 없어."

그때마다 재빨리 나는 이렇게 대꾸했다.

"나도 알아. 확실히 녀석은 얼간이야."

나중에 동생은 내게 '얼간이' 라는 큰 글자가 쓰인 티셔츠 하나를 주었다. 내가 "왜 내게 이런 티셔츠를 주는 거야?" 라고 묻자 그는 금세 눈을 흘겼다.

능력과 권위 사이

'얼간이' 사건에서 내가 겪은 문제는 녀석의 능력에 있었지 권위에 있지는 않았다. 녀석은 나에게 저항할 수 있는, 보다 큰 능력을 가진 다루기 힘든 말이었다. 비록 돈을 허비하는 것으로 끝이 났지만 나는 실제로 녀석을 우리에 넣고 내게 해를 끼치거나 사냥을 더 이상 방해하지 못하도록 나의 권위를 사용했다.

마찬가지로 예수님은 우리가 지옥의 힘을 '매는' 권위열쇠를 가지고 있다고 말씀하셨다.마 16:19 거기에 쓰인 용어는 '데오' deo이고, 그것은 내가 말에게 사용했던 것과 똑같이 '사슬 또는 밧줄로 조이거나 묶는 것' 을 의미한다. 그 말은 또한 '합법적으로 또는 계약상 묶인 것' 을 의미하는 법적 용어로 사용된다. 이 말에는 확실히 권위에 대한 개념이 담겨 있다. 우리는 사탄을 합법적으로 묶거나 조이면서 권위 있는 기도를 할 수 있고, 그럴 때 하나님은 그분의 능력으로 우리를 후원하실 것이다. 그러므로 승리하기 위해 우리는 권위가 무엇인지 알고 그것을 행사해야 한다.

> “하나님과 사탄의 관계에서 문제시 되는 것은 이 땅을 통제하는 것을 포함한 능력이 아니었다. 그것은 언제나, 오로지 권위의 문제이다.”

“누가 책임자인가?”라는 질문은 능력power과 권위authority의 중심에 자리를 잡고 있다. 많은 사람들이 그 차이점을 모른다. ‘얼간이’ 사건에서 보았듯이 나 역시 그러하다. 녀석에게는 능력이, 내게는 권위가 있었다. 녀석은 잠시 자신의 능력을 행사했지만 나는 권위를 사용하여 녀석을 캠프 밖에 나오지 못하게 했다. 능력과 권위는 다르다.

권위를 규정하는 데 있어 ‘능력’이라는 단어를 포함하고 있는 사전들이 많이 있지만, 엄격히 말해 권위와 능력은 같은 개념이 아니다. 능력은 다스림을 받아야 하는 ‘힘 또는 지배력’이고 권위는 그렇게 할 수 있는 ‘권리’이다. 이 두 단어는 통치적인 면에서 쌍둥이 개념으로, 일직선상에 놓고 다루어야 한다. 시행할 능력이 없는 권위는 무의미하다. 권위, 다시 말해 그 능력을 사용할 권리 없이 행사하는 능력은 권리 침해요 도덕적으로 잘못된 일이다.

하나님과 사탄의 관계에서 문제시 되는 것은 이 땅을 통제하는 것을 포함한 능력이 아니었다. 하나님은 전능하신 분이다. 사탄이 하늘에서 일격을 가하려고 했을 때 번개가 치면서 사탄은 떨어지고 말았다.눅 10:18 전투도 없었고, 질질 끄는 시간도 없었으며, 하나님이 흘리신 땀이나 노력도 전혀 없었다. 그저 하나님의 능력과 영광이 드러났을 뿐이다. 그것은 언제나, 오로지 권위의 문제이다.

어둠의 왕국에 맞서는 우리의 싸움에도 같은 진리가 적용된다. 사탄은 타락할 때 어떤 능력도 얻지 못했고, 십자가 사건으로 인해 어떤 능력도 잃지 않았다. 그의 힘과 능력은 어떤 사건으로도 달라지지 않았다. 능력을 사용할 수 있는 권리가 달라졌을 뿐이다. 실제로 그리스도인들이 반대로 말하는 경우가 종종 있지만, 성경 어디에도 그리스도가 갈보리에서 우리를 사탄의 '능력'으로부터 구해냈다든지 사탄의 '능력'을 다루었다는 말은 나오지 않는다. 그리스도는 다만 사탄의 '권위'를 다루었다.

영어성경 KJV King James Version는 헬라어 '듀나미스' dunamis, 능력와 '엑소시아' exousia, 권세를 상호 교환적으로 사용하고 있는데, 이는 안타까운 일이며 혼란을 일으키는 일이다. 여기서 '엑소시아'는 '능력'으로 번역된다. 그러나 능력과 권세는 다르다.

"그가 우리를 흑암의 권세에서 건져내사 그의 사랑의 아들의 나라로 옮기셨으니." 골 1:13

우리는 이 구절을 그리스도가 우리를 어둠의 권위에서 건져냈다는 의미로 읽어야 한다. 실제로 대부분의 다른 번역들이 그렇게 하고 있다. 예수님은 이미 그러한 권세를 가지고 계셨다. 마 28:18 여기서 그리스도는 '권위'를 말씀하신 것이다. 그분은 자신이 우리를 위해 아담이 잃어버렸던 권위를 다시 받으셨다고 말씀하고 계신 것이다.

이것은 단순히 전문 용어 이상의 문제이다. 몇몇 사람들이 가르치듯이, 예수님이 사탄의 능력을 없애 버리셨다면 우리는 더 이상 사탄의 공격을 걱정할 필요가 없다. 그는 이미 하찮은 존재가 되었으니 말이다. 몇몇 사람들이 가르치듯이, 우리 그리스도인들이 사탄의 능력으로부터 해방되었다면 사탄은 더 이상 우리에게 영향을 미치거나 우리를 통제할 수 없다. 우리는 사탄을 완전히 무시해도 되며, 이는 실제로 많은 그리스도인들이 지금 행하고 있는 모습이기도 하다.

반면에 예수님이 사탄의 권위 사탄의 힘이나 능력을 사용하는 권리를 다루셨다면, 우리는 사탄이 우리의 것을 도적질하고 우리를 죽이며 멸망시킬 권리는 없지만 그런 일을 멈추지 않는 침략자나 반역자, 도둑으로 여길 필요가 있다.요 10:10 사탄의 권위에서 해방되고 그리스도의 이름 안에서 더 높은 권위를 부여받았다면, 우리는 사탄의 힘이나 능력에 대항해 우리의 권위를 행사해야 한다. 그렇게 할 때 하나님의 엄청난 능력이 우리의 권위를 뒷받침해줄 것이다. 여기서 '권위'는 곧 '사탄의 능력에 맞서는 우리의 권세'를 의미한다.

"내가 너희에게 뱀과 전갈을 밟으며 원수의 모든 능력dunamis을 제어할 권세exousia를 주었으니 너희를 해할 자가 결단코 없으리라."눅 10:19

통치적인 기도의 힘

윌 포드는 주님이 그들 부부에게 주신 권위를 가지고 행동할 때 죽음이 어떻게 아내의 작은아버지를 피해갔는지 볼 수 있도록, 하나님이 그와 그의 아내 미셸을 들어 쓰신 이야기를 전한다.

제 아내에게는 연세 지긋한 작은아버지가 계셨습니다. 그분은 예전부터 병을 앓아오다가 갑자기 병세가 악화되셨죠. 가족들은 의사에게 불려가 작은아버지가 그날 밤을 넘기지 못할 것이라는 말을 들었습니다. 그분의 생명은 꺼져가고 있었습니다. 그분의 음성에는 으레 '임종하는 사람들이 내는 가래 소리' 가 묻어났습니다. 그 소리는 작은아버지가 앞으로 많은 시간을 우리와 함께하지 못할 것이라는 뜻이었죠.

아내와 저는 집에서 기도를 하고 있었습니다. 그 나이에 작은아버지에게 일어날 수 있는 일들을 인정하는 바로 그때, 우리는 둘 다 이 땅에서 작은아버지가 보낼 시간이 아직 끝나지 않았다고 말씀하시는 성령님의 음성을 들었습니다. 우리는 주님이 우리더러 죽음의 영에 맞서 권위를 취하고 작은아버지에게 생명을 말하라고 지시하시는 것임을 믿었습니다. 우리 부부는 이와 같은 방식으로 기도하면서, 하나님의 임재와 권위가 우리를 통해 강력하게 드러나는 것을 느꼈습니다. 성령님이 주시는 명확한 지식의 말을 사용하면서 기도하는 것은 처음 있는 일이었습니다.

그 다음날 아침 모두가 놀랍게도 작은아버지는 훨씬 더 활기를 찾았고 상태가 완전히 달라졌습니다! 사흘 내로 그분은 퇴원을 하고 마침내 완전히 회복되었습니다. 보다시피 그분의 시간은 다 된 것이 아니었습니다. 작은아버지는 회복되고 나서 가족들과 화해를 하고 딸들과의 관계에서 잃어버린 시간을 만회하고자 했습니다.

2년 후 그분은 주님과 함께하는 집으로 가셨지만, 그렇게 가시기 전까지 중요한 관계들을 다져놓으셨죠.

기도하는 가운데 하나님이 주신 권위를 사용한 이야기였다. 여기서 이 일은 실제로 때이른 죽음을 막는 것이었다. 나는 윌과 미셸을 아주 잘 알고 있고 영적인 권위에 대한 그들의 이해가 사실이라고 확실히 말할 수 있다. 하나님은 통치적인 기도 속에서 그들을 종종 사용하셨는데, 가족이 연루된 이 상황에서뿐만 아니라 많은 특별한 모험들 가운데서 그렇게 하셨다.[2)]

그러나 그리스도 안에 있는 우리의 개인적인 권위에 대해 더 알아보기에 앞서, 우리는 먼저 창조주로서 그분이 이 땅에 가지고 계신 궁극적인 권위에 대해 살펴보아야 한다. 그것이 우리가 드리는 통치적인 기도의 근본을 이루기 때문이다.

나는 옛날 웹스터 사전-아버지에게 물려받은 골동품인데 부피가 하도 커서 무기나 다름없다-에서 '권위' authority 라는 말을 찾아보았을 때 다소 놀랐다. 우선 그 사전에서 '권위' 라는 말을 찾을 수 없었다. 당황한 나는 계속해서 그 단어를 찾아보았다. 그러자 '저자' author 라는 단어의 다양한 파생어와 정의 아래에 숨어 있는 그 단어를 보았다. 권위 뒤에 있는 어근의 개념은 글쓰기 분야가 아니라 창작이나 창조 분야에서의 원작자를 가리킨다. 무언가를 만들어낸 사람은 그것에 권위를 갖는다. 창작자는 자신의 창작물이 존재하는 목적을 정하고 그것에 대한 모든 권리들을 갖는다.

하나님은 물론 창조하시는 분이다. 창조는 그분의 본성이다. 창작자가 어떻게 창작을 하지 않을 수 있겠는가? 그래서 위대한 창조주는 일에 착수했고 창세기의 처음 두 장은 그 결과들을 묘사하고 있다. 그 가운데 특별히 한 구절은 하나님이 결과를 보고 얼마나 기뻐하셨는지 설명한다.

"하나님이 이 지으신 모든 것을 보시니 보시기에 심히 좋았더라."창 1:31

> "하나님이 이 땅과 이 땅에 있는 모든 것의 원작자요 창조주라는 사실은 그것들에 대한 궁극적인 권위가 누구에게 있는지 명백히 보여준다."

하나님이 이 땅과 이 땅에 있는 모든 것의 원작자요 창조주라는 사실은 그것들에 대한 궁극적인 권위가 누구에게 있는지 명백히 보여준다. 예수님은 항상 주인의식과 권위를 간직하고 계셨다. 다시 말하지만, 예수님이 갈보리에서 되찾은 권위는 아담이 잃어버렸던 것이지 그분이 잃어버린 게 아니었다. 진화 이론과 그 밖의 다른 인본주의적인 사고방식을 통해 사탄은 창조주 하나님에 대한 믿음이 없어지기를 원한다. 하나님이 모든 피조물의 원작자시라면 인간을 포함해 모든 피조물에게 권위를 가지고 계시는 것이기 때문이다. 그분이 창조주가 아니라면 이 땅과 이 땅의 모든 것에 대한 권위는 아무나 취할 수 있는 것이 된다.

이 땅의 모든 것은 주님의 것

성경을 믿는 그리스도인들은 예수님이 만물의 원작자요 창조주이기에 그 모든 것에 권위를 가지고 계심을 안다. 창세기 1~2장뿐만 아니라 다음의 신약성경 구절들은 그분의 입지를 명확히 밝히고 있다.

- 만물이 그로 말미암아 지은 바 되었으니 지은 것이 하나도 그가 없이는 된 것이 없느니라. 요 1:3
- 이는 만물이 주에게서 나오고 주로 말미암고 주에게로 돌아감이라 [만물이 그분으로부터 시작되었고 그분으로부터 나오기 때문이다. 모든 것들이 그분을 통해 살고 모든 것들이 그분 가운데 있고 그분 안에서 완성되며 그분 안에서 끝나기 때문이다] 영광이 그에게 세세에 있으리로다 아멘. 롬 11:36
- 만물이 그에게 창조되되 하늘과 땅에서 보이는 것들과 보이지 않는 것들과 혹은 보좌들이나 주관들이나 정사들이나 권세들이나 만물이

다 그로 말미암고 그를 위하여 창조되었고 또한 그가 만물보다 먼저 계시고 만물이 그 안에 함께 섰느니라. 골 1:16~17

왕, 절대 권력자, 그 밖에 인간을 통치하는 다른 형태들, 기관, 심지어 개인들은 자신들이 이 땅을 소유하고 있기에 그만큼에 대해 완전한 권위를 갖는다고 생각할 수 있다. 그러나 그들에게는 그럴 권리가 없다. 그들은 단순히 청지기일 뿐이다. 이 땅과 이 땅의 모든 것은 주님의 것이다. 시 24:1 또한 오직 재판장이신 하나님이 사람을 낮추시거나 높이신다. 시 75:7 사탄이 주무르고 있는 권위조차 인간의 결정과 행동에 따라 그에게 제한적으로 주어질 뿐이다.

이미 말했듯이 사탄은 기만과 인간 중심적인 사고방식을 통해 이 세상에 창조주가 없다는 확신을 퍼뜨리려고 노력해왔다. 그래서 실제로 이 땅에 대한 주인의식과 권위는 아무나 취할 수 있는 것이 되고 있다.

- 이러한 추론을 받아들이는 교육자들은 자신들이 가르치는 과정에서 하나님의 위치와 역할을 지시할 권리를 갖는다고 믿는다.
- 일부 정부 관리들은 자신들이 지배권에 있어 하나님을 능가하는 권위를 가지고 있다고 믿는다. 심지어 통치를 함에 있어 하나님의 역

할을 지시할 권리를 가지고 있다고 믿는다.

- 연예인들과 예술가들은 종종 자신의 재능이 기분 좋을 때나 사용하는 자기 것이라고 믿는다.
- 많은 사람들이 하나님의 권위와는 상관없이 자신의 삶을 스스로 다스릴 권위가 있다고 믿는다.

알파와 오메가요, 시작과 끝이신 조물주는 자신이 모든 피조물들에 대해 궁극적인 권위가 있음을 아신다. 이 땅 위에 있는 모든 형태의 생명체들은 하나님의 것이며, 그러한 사실로 인해 주인의식에 관한 모든 권리들은 그분에게 돌아간다. 그런데도 제한적으로나마 그분에게 순종하지 않겠다는 것은 반역이다. 하나님은 자신이 언젠가 죽은 모든 이들을 그들의 행위에 따라 평가할 심판주임을 우리에게 상기시켜주고 계신다.계 20:11~15

우리가 권위를 가지고 진실로 기도하고 기도를 통해 법령을 제정할 것이라면, 그리스도가 만물의 창조자이자 주인이라는 사실, 그래서 궁극적인 권위를 갖고 계신다는 사실을 확증하는 것은 상당히 중요하다. 그 이유는 무엇인가? 더 많은 이유가 있겠지만 여기서는 네 가지 이유를 들겠다.

(1) 권위를 가진 자만이 권위를 위임할 수 있다. 그리스도가 이 땅에 완전한 지배권을 가지고 있지 않다면, 그분은 우리에게 권위를 주실 수 없다.

(2) 그리스도가 이 땅 모든 것의 주인이고 그것들에 권위를 갖고 계심을 알 때, 우리의 개인적인 세상을 포함해 우리의 소명과 과업을 달성할 큰 믿음이 생긴다.

(3) 그리스도가 이 땅에 대해 갖고 계신 참된 주인의식과 권위가 없다면, 이 땅을 위해 벌이는 전투에서 그 최종적인 결과는 불확실해질 수 있다.

(4) 우리는 그리스도께 권위를 위임받기 전에 그리스도의 권위에 먼저 복종해야 한다.

다음 장에서는 이 네 항목들에 대해 각각 살펴볼 것이다. 당신은 당신이 태어나기도 전부터 위대한 조물주가 당신의 인생에 대해 계획하신 것들을 보게 될 것이다. 당신을 향한 그분의 계획은 선하고렘 29:11, 그분은 당신에게 사랑의 아버지가 되기를 원하신다.롬 8:15 또한 이제껏 알려진 가장 위대한 가족 안에서 당신이 그분의 동역자가 되기를 갈망하신다.

3장

그리스도의 권위

니콜라 테슬라는 이른바 교류 발전기를 발명한 과학자이다. 많은 사람들이 그를 유명한 알렉산더 그래함 벨보다 더 위대한 과학 천재로 여기고 있다.

필립 얀시는 테슬라에 관한 재미있는 일화를 소개한다. 폭풍이 몰아칠 때면 테슬라는 창가의 검은 모헤어 소파에 앉아서 번개가 칠 때마다 박수를 쳤다. 그는 자기 말고 또 다른 이, 신의 작업을 인식할 줄 아는 천재였던 것이다.[1]

나는 앞서 그리스도가 이 땅과 이 땅의 모든 것들을 창조하신 주인이시기에 이들에 대해 전적인 권위를 갖고 계심을 아는 것이 중요하다고 말했다. 그리고 이러한 이해가 권위 있는 기도를 하는 우리의 능력에 영향을 미치는 네 가지 이유를 들었다. 이제 각각의 핵심들을 살펴보자.

첫째, 권위를 가진 사람만이 그 권위를 다른 사람에게 위임할 수 있다.

새로울 게 없는 당연한 말이지만 때때로 그 말 속에 명확한 뜻이 숨어 있는 경우도 있다. 그리스도가 진실로 전적인 권위를 가지고 있지 않다면, 그분은 당신의 세상을 다스릴 수 있는 절대적인 권리를 당신에게 줄 수 없다. 물론 그것은 이따금 당신이 희생자가 될 수밖에 없음을 의미한다. 특정한 상황에서 당신이 승리자가 될지 또는 패배자가 될지, 사탄이나 다른 사람들 또는 환경들이 이를 좌우하며 당신의 권위를 빼앗을 권리를 가질 수 있다는 뜻이다. 예를 들어, 당신은 다음과 같은 일들을 믿게 될 것이다.

- 사탄은 당신과 당신의 것을 '도적질하고 죽이고 멸망시킬' 권리를 가지고 있다.

- 당신은 당신을 사로잡고 있는 약물이나 술 또는 그 밖의 중독을 절대로 극복할 수 없다.
- 당신은 부정적인 환경들 또는 '불운' 을 견디거나 참아내야 한다.
- 당신은 반항하는 자녀들을 다룰 힘이 없다.
- 하나님이 당신에게 주신 운명은 아무나 취할 수 있는 것이다. 다른 세력들이 훔쳐가도 할 말이 없다.

정말 그러한가? 이 가운데 어느 것도 사실이 아니다. 당신이나 당신의 가족, 재산 또는 운명은 사탄이나 환경 혹은 세상의 자비에 달려 있지 않다. 당신 이야기의 결말을 쓰시는 분은 조물주이다. 당신 외에 아무도 그것을 바꿀 권한이 없다. 그렇다고 당신에게 일어나는 모든 일들이 하나님이 계획하신 것이라는 뜻은 아니다. 실제로 당신은 학대를 겪거나 불행을 거치며 희생되어 왔는지도 모른다. 이런저런 고통이 당신의 인생에 찾아들었다. 하지만 하나님은 믿음의 주요, 온전케 하시는 분이며 히 12:2, 당신 운명을 만드신 분이다. 이것은 당신이 각각의 재난들을 극복하고 그 과정에서 승리자 이상의 존재로 서게 하시는 분이 하나님이라는 사실을 포함한다. 롬 8:35~39

승리자로 살고 싶다면, 당신은 하나님께 동의해야 한다.

하나님이 당신을 위해 보장된 운명을 만드셨다는 것은 '뜻' purpose이라고 번역된 신약성경의 말씀들 중 하나에서 볼 수 있다. 딤후 1:9, 롬 8:28 그것은 헬라어 '프로테시스' prothesis에서 유래한 말로, 어떤 것의 목적을 미리 정해두는 것을 의미한다. 어근인 '테시스' thesis가 그러하듯 '현시' exposition도 그 의미를 잘 담고 있다. 하나님은 당신이 태어나기도 전에 당신에 관한 계획-현시, 명제-을 써 놓으셨다.

"내 형질이 이루기 전에 주의 눈이 보셨으며 나를 위하여 정한 날이 하나도 되기 전에 주의 책에 다 기록이 되었나이다." 시 139:16

당신은 이 운명을 경험할 권리-주장할 권위-를 가지고 있지만, 먼저 하나님이 당신에게 이러한 권리를 주셨다는 점을 알아야 한다. 어떤 부정적인 환경도 승리자로 살아갈 당신의 운명을 실패자로 뒤바꾸지는 못한다.

다음 간증은 파괴적인 환경으로부터 입은 상처를 치유하시는 하나님의 능력에 대해 설명한다.

저는 정확히 제 자리가 어디인지 확신하지 못하는 인생의 한 시기를 보냈습니다. 부모님은 제가 어릴 적에 이혼을 하셨죠. 이 일에 대해 누가, 왜 또는 언제라고 온전히 설명해주는 사람은 아무도 없었습니다. 제가 아는 것이라고는 이제 아빠나 다른 자매들과 더 이상 살 수 없게 되었다는 것이었죠. 오랜 시간 동안 사람들은, 그 일은 저와 아무 상관없는 일이라고 말했답니다. 하지만 저는 지금 그것이 실제로 저와 아무 상관이 없는 일이라 할지라도 여전히 제 인생에 엄청난 영향을 미쳤다는 사실을 알고 있습니다.

저는 고통에서 벗어날 길을 찾고 또 찾았습니다. 술 속에서 찾아보았고 약물 속에서도 찾아보았죠. 그러나 그것들은 위안이 되지 못했습니다. 물론 술과 약물은 고통을 줄여주었죠. 하지만 술이나 약 기운이 사라지고 나면 저는 여전히 고통 가운데 있었죠. 그러다 마침내 어느 추운 주일 오후에 독일에 있는 한 작은 군 예배에서 하나님의 음성을 들었습니다.

"때가 되었다."

저는 누군가 제 귀에 속삭이는 줄 알고 주변을 둘러보았습니다. 그러자 다시 음성이 들렸고 마침내 하나님께 제 인생을 드릴 때가 되었음을 마음 깊이 알게 되었습니다.

고통의 문제는 어떻게 되었느냐고요? 저는 그것을 모두 예수님께 드렸습니다. 성경은 "너희 염려를 다 주께 맡겨버리라 이는 저가 너희를 권고하심이니라"벧전 5:7고 말합니다. 과연 예수님은 어린 시절부터 제 마음에 깊이 맺혔던 상처를 거둬가셨습니다. 길 잃은 작은 소녀는 이제 사라지고 구원받고 치유된 여인이 슬픔을 딛고 일어난 것이죠.

"저녁에는 울음이 기숙할지라도 아침에는 기쁨이 오리로다." 시 30:5

사람들은 종종 저더러 어떻게 마음속 상처를 극복할 수 있었느냐고 묻습니다. 그 이유는, 주님이 제게 '슬픔 대신 화관'을 주셨기 때문이죠.[2)]

하나님의 성실하심을 전하는 아름다운 이야기가 아닐 수 없다. 생명을 파괴하는 자의 모든 사악한 의도에 맞서 하나님은 이미 회복 과정을 준비해두셨다. 우리는 그 계획을 받아들이고 우리의 개인적인 세상에 책임자가 될 권리가 있다.

다음 구절도 하나님이 미리 우리의 운명을 써 놓으셨음을 확증하고 있다.

"우리는 그의 만드신 바라 그리스도 예수 안에서 선한 일을 위하여 지으심을 받은 자니 이 일은 하나님이 전에 예비하사 우리로 그 가운데서 행하게 하려 하심이니라." 엡 2:10

당신이 걸어가도록 하나님이 준비해놓으신 그 일들은 '전에 예비된' 것이고, '선한' 일들이다. '만드신 바' workmanship라는 단어는 헬라어로 '포이에마' poiema인데, 여기서 이것은 완제품 또는 만들어진 것이라는 의미를 갖는다. 이 단어에서 'poet' 시인, 'poem' 시의 영어 단어가 나왔다. 하나님은 '시인' 이시고 당신은 '시' 인 셈이다. 어려운 시절을 겪다보면 다르게 느껴질지 몰라도, 그 시인은 당신의 인생을 위한 음률과 이유를 가지고 계신다. 조물주는 당신이 첫 호흡을 하기 전부터 당신을 위한 계획을 가지고 계셨다. 다른 어떤 존재나 인간 또는 그 밖의 것들도 당신에게서 그것을 훔쳐갈 권리가 없다.

당신이 스스로 좌절할 만한 몇 가지 잘못된 결정들을 했을지라도, 아니면 다른 사람들이 당신의 운명을 훔치는 것과 같은 일들을 했을지라도 하나님은 이미 그 상황을 구제할 계획을 가지고 계시며 당신을 그분의 과정에 다시 데려다 놓으실 것이다. 영어 단어 '프로스테시스' prosthesis는 또한 '프로테시스' prothesis, 의지, 뜻에서 유래한다. '프로스테시스'란 상실한 기능을 회복하려는 의도로 만든 인공 보철물을 말한다. 창조주는 이미 사탄이나 다른 것들이 방해물을 만드는 것과 같이 악한 일을 저질러서라도 파괴하려는 하나님의 목적들을 어떻게 회복시킬지 결정하신 것이다. 우리 인간들이 만든 인공 보철물과는 달리 하나님의 것은 그 완전함이나 능력에 한계가 없다.

"조물주는 당신이 첫 호흡을 하기 전부터 당신을 위한 계획을 가지고 계셨다. 다른 어떤 존재나 인간 또는 그 밖의 것들도 당신에게서 그것을 훔쳐갈 권리가 없다."

"우리가 알거니와 하나님을 사랑하는 자 곧 그 뜻대로

부르심을 입은 자들에게는 모든 것이 합력하여 선을 이루느니라." 롬 8:28

예수님을 믿는 신자이고 이 진리를 이해하는 사람이라면 환경이나 운명, 행운 또는 다른 부정적인 사건들에 자신이 결코 휘둘리지 않음을 알고 있다. 다시 말하지만, 그렇다고 해서 인생에서 일어나는 어떤 일에도 우리가 상처를 받지 않는다는 의미는 아니다. 나 또한 당신이 실제로 겪고 있는 고통을 줄여주지 못한다. 다만 당신의 인생에 고난의 바람이 불어닥치기 전부터 하나님이 당신을 치유하고 회복시킬 계획을 가지고 계심을 말할 수 있다.

이란의 테헤란 왕궁에 가면 세상에서 가장 아름다운 모자이크 작품 하나를 볼 수 있다. 왕궁의 천장과 벽들은 다이아몬드가 반짝거리듯 빛을 발하고 있다. 원래 왕궁이 설계되었을 때, 건축가는 벽에 커다란 거울을 붙이려고 했다. 파리에서 첫 번째 선적물이 도착했을 때, 사람들은 거울들이 산산조각 나 있는 끔찍한 광경을 발견했다. 계약자는 그 거울 조각들을 쓰레기통에 내다버렸고 건축가에게 슬픈 소식을 전했다.

놀랍게도 그 건축가는 깨진 거울 조각들을 모두 모아 가져오라고 주문했다. 그런 다음 그것들을 자잘한 조각들로 부수어 풀로 벽에 붙였다. 벽은 은백색으로 반짝거리는 거울 조각들의 모자이크가 되었다.[3)]

바로 이 거울 조각들과 같이 그리스도인인 당신은, 회복시켜 주시는 하나님의 창조적인 능력 안에 있다. 그분이 회복시킬 수 없는 손상이란 없다. 당신은 하나님이 주신 권위를 가지고 일어나 이렇게 말할 수 있다.

"예수님 말고 그 누구도, 그 무엇도 나를 지배할 수 없다. 내가 비록 이번 전투에서는 졌지만 결국엔 승리할 것이다. 하나님은 그 결말을 아시며 이미 나의 궁극적인 승리에 대해 써 놓으셨다!"

- 하나님은 이스라엘 백성들이 생명 또는 죽음을 선택할 수 있다고 말씀하셨다. 신 30:19 그러므로 당신도 그렇게 할 수 있다.
- 하나님은 우리가 그리스도를 통해 승리할 수 있음을 신약성경의 신자들에게 말씀하셨다. 고후 2:14
- 우리는 주님을 믿음으로써 언제나 죄와 주변 세상을 이길 수 있다는 약속을 받았다. 요일 5:1~5
- 창조주는 우리의 모든 필요들을 채울 수 있다고 말씀하셨다. 빌 4:19

다시는 패배를 인정하지 말라. 그렇다. 이러한 약속들 하나하나에는 조건들이 있지만, 그러한 조건들을 채울지 말지 결정할 권리는 오로지 우리에게 있다. 그러므로 오직 우리만이 모든 약속들의 충족을 받아들일지 말지 결정할 권리를 갖는다.

내 친구 윌 포드는 하나님이 어떻게 자신을 불의에서 건져내셨는지 말한다. 그러나 윌은 자신의 권위를 사용하여 자신의 개인적인 세상에서 책임자로 나서야 했다.

몇 년 전, 저는 제가 빚지지도 않은 7만 달러를 갚아야 할 처지에 놓였습니다. 말로 설명하기에는 너무나 오랜 시간이 걸리는 세부 사항들을 잘 기록해두지 않은 탓에 제 책임이 아님을 증명할 길이 없었습니다. 다른 회사는 제가 그 돈을 빚지지 않았지만 그 사실을 증명할 수 없다는 점을 알고 제게 협박을 했습니다. 책임을 모두 뒤집어쓰면서도 아무런 권리도 주장할 수 없는 상황이었습니다. 적어도 그렇게 보였죠.

자포자기하고 싶은 생각들과 적의 음모에 낙담하고 또 반격하는 가운데, 동네의 한 교회에서 열리는 주중 부흥 예배에 저절로 발길이 가더군요. 저는 찬양 시간 내내 흐느꼈고, 예배드리는 시간 내내 분투하며 제 갈 길을 모색했습니다. 여러 달 동안 말할 수 없이 낙담하고 절망했기에 2천여 명이나 되는 사람들 한가운데 있으면서도 저 홀로 앉아 있는 느낌이었습니다. 그런데 설교자가 강단 앞에 나왔을 때 뭔가 범상치 않은 일이 일어났습니다.

그는 설교를 시작하기에 앞서 관중들을 응시하다가 갑자기 제게 눈짓을 보내왔습니다. 그런 다음 강단에서 펄쩍 뛰어내리더니 제게 시선을 고정시킨 채 제 앞으로 힘차게 걸어오기 시작했습니다. 순간 '저 사람 지금 나한테 걸어오고 있는 거야?' 라는 생각이 들었죠.

그때 제 앞에 앉아 있던 여자분이 일어서더니 손을 들더군요. 설교자가 자신을 위해 기도하러 온다고 생각했던 모양입니다. 저 역시 그가 그녀를 위해 기도하러 오고 있다고 생각했죠. 하지만 그는 그녀에게 비켜달라고 정중히 양해를 구하며 이렇게 말했습니다.

"죄송하지만 부인이 아닙니다. 선생님, 복도로 걸어나오시죠."

그는 내게 손을 얹고 기도했고, 저는 약 30~40분간 그야말로 '정신이 나갔습니다.' 그런 경험은 처음이었습니다.

바닥에 누워 있는 동안 강력한 방식으로 제 몸을 훑고 지나가는 그리스도의 사랑을 느꼈습니다. 저는 기쁨의 눈물을 줄줄 흘리며 왜 주님이 그 설교자로 하여금 무리 가운데서 저만을 골라내게 하셨는지 물었습니다. 그때 들은 주님의 응답은 결코 잊을 수 없을 것입니다.

"내가 너를 얼마나 사랑하는지 알게 하려는 거야."

그날 밤 우울함과 자포자기와 절망의 악몽은 산산조각 났습니다. 주님의 말씀을 듣는 순간 저는 주님이 저를 위해 '없는 길' 을 내고 계신다는 것을 알게 되었습니다. 그 후로 다시는 소망이 없다든지 자포자기하고 싶다든지 하는 생각은 하지 않게 되었죠.

새롭게 발견한 믿음과 제게 닥친 문제와 관련해 하나님이 주신 확신을 가지고 기도하는 가운데 저는 이 상황을 주장할 수 있는 권위가 제게 있음을 깨닫게 되었습니다. 그 후 몇 주, 몇 달이 넘도록 기도했고 이 불의한 환경에 맞서는 권위를 갖게 되었습니다. 그때 하나님이 무슨 일을 하신 줄 아십니까? 저를 협박하던 회사는 마침내 수사 대상이 되어 회계 감사를 받고 부정부패가 드러나게 되었습니다. 나중에 그들은 비즈니스계에서 쫓겨났고 제 '빚' 은 없던 일이 되었죠!

이것이 통치적인 기도의 힘이다. 하나님은 윌에게 필요한 확신을 주셨다. 그런 다음 윌은 자신의 권위를 주장하는 가운데 믿음으로 기도해야 했다. 그가 권위를 주장하자 하나님의 능력이 발휘되었고, 그 결과 상황이 바뀌었다. 이것이 우리가 우리의 세상을 다스리는 법이다. 우리가 하나님이 우리에게 주신 것을 드러내며 우리의 세상에 책임자로 나설 때 하나님 역시 우리 편에 서서 일하실 것이다.

둘째, 그리스도가 모든 권위를 가지고 계심을 절대적으로 확신해야 온전히 믿음 생활을 할 수 있다.

2000년 1월에 주님이 내게 기도의 임무를 주신 일이 생각난다. 3년 동안 나는 기도하기 위해 워싱턴 D.C.를 드나

든 터였다. 하지만 이번에 방문하기 전에 하나님은 내게 그리스도의 몸인 우리가 우리나라를 위해 기도하는 가운데 크나큰 진보를 이루었음을 보여주기 시작하셨다. "나는 지금 이 땅 전역에 영적인 기후를 변화시킬 새로운 단계를 시작할 것이다"라고 그분은 말씀하셨다. 실제로 내가 '경건한 변화'[4)]라고 부르는 강력하고 새로운 가르침을 하나님은 이 모임에서 주셨다.

이번 모임에서 나는 기도 인도뿐만 아니라 강연도 하게 되었다. 내가 맡은 순서가 돌아오기 전에 나는 다시 한 번 성령님이 "나는 네가 나를 위해 이 도시와 나라 전체의 분위기를 바꾸기를 원한다. 그것을 네게 명한다!"라고 말씀하시는 것을 들었다.

나는 다소 어리벙벙했다. 청중들에게 소개되기를 기다리면서 한쪽에 서 있는 동안 겁도 났다. 마침내 자신 없이 나는 주님께 말했다.

"저는 정말로 이 집회를 망치고 싶지 않습니다."

그러자 여태까지 들었던 하나님의 어떤 음성보다 또렷하게 그분의 말씀이 들렸다.

"너는 정말 열심히 이 집회를 망치기 위해 노력해야 한다. 나의 리더십에 반항하거나 나의 지시를 거절하지 않는다면 내가 그 일을 이루겠다! 네가 무슨 말이나 일을 완벽하게 할 필요는 없다. 다만 내가 네게 명한 것을 하거라. 그러면 나머지는 내가 맡겠다. 나는 너의 완벽함이 필요한 게 아니라 음성이 필요할 뿐이다."

그것은 여태껏 들은 것 중에 가장 위로가 되는 말씀이었다. 나는 하나님이 이 일을 하실 전적인 권위를 가지고 계심을 알았다. 또한 그분의 지시를 따르라고 내게 권위를 위임하셨음도 알았다. 그러하기에 하나님이 말씀하신 것을 그곳에 참석한 사람들에게 선포했다. 그런 다음 무슨 일이 일어났는지 그 자리에 없었던 사람은 온전히 다 알 수 없을 것이다. 하나님의 능력이 그 방을 가득 채웠다! 600~700명 되는 참석자들 가운데 그것을 의심하는 사람은 아무도 없었다. 우리는 말 그대로 주변의 분위기가 달라짐을 느꼈다. 내 평생 가장 심오한 경험이었다.

그 후 워싱턴 D.C.와 이 나라에 어떤 변화가 일어났을까? 물론이다! 오래지 않아 우리는 실제로 미국연방의회에 있는 한 경찰관이 "여기 연방의회의 분위기가 완전히 달라졌습니다"라고 말하는 것을 들었다.

우리는 그리스도가 이 땅 전체에 전적인 권위를 가지고 계시고, 통치적인 기도를 통해 그 권위를 발휘하기 위해 우리를 사용하실 수 있음을 확신해야 한다. 그럴 때 우리는 대부분이 상상치도 못한 기도의 역사 속으로 들어가게 될 것이다.

셋째, 그리스도가 완전한 권위를 가지고 계심을 이해해야 이 땅의 전투에서 승리할 수 있다.

하나님은 인본주의에 무릎 꿇을 분이 아니다. 다른 종교들, 하나님을 반대하는 자유주의신학이나 그 밖의 다른 집단들에도 그러하다. 하나님은 그런 것들을 비웃으신다.시 2:4 그분이 관계되어 있는 한, 이 땅의 궁극적인 통제권을 누가 가져갈 것인가는 문제시되지 않는다. 문제는, 누가 그분과 함께 승리를 거두는 편에 설 것인가이다. 최종적인 결론은 이미 나와 있다.

"일곱째 천사가 나팔을 불매 하늘에 큰 음성들이 나서 가로되 세상 나라가 우리 주와 그 그리스도의 나라가 되어 그가 세세토록 왕 노릇 하시리로다 하니."계 11:15

이 구절에서 말하는 사람들은 우리 주변의 모든 것이 파탄 나는 동안 우리가 할 수 있는 최선이 그저 버티는 것밖에 없다고 믿는 패배주의적인 사고방식을 거부하며, 승리한다는 마음자세로 보다 큰 권위를 가지고 살아간다. 승리하는 편에 서 있음을 미리 알 때 우리는 자신감과 비전을 키울 수 있고 나아가 활기찬 행동에 나설 수 있다. 라일 아라카키는 이러한 통찰을 나누고 있다.

"이 땅의 궁극적인 통제권을 누가 가져갈 것인가는 문제시되지 않는다. 문제는, 누가 그분과 함께 승리를 거두는 편에 설 것인가이다."

하와이에서는 미 대륙과의 시간차 때문에 월요 야간 축구 경기가 오후 중반에 벌어집니다. 그래서 지역 TV 방송국은 저녁 6시 30분까지 중계방송을 늦춘답니다.

제가 가장 좋아하는 팀이 경기를 할 때면, 저는 너무나 흥분되어 TV 중계를 기다릴 수 없습니다. 그래서 생중계되는 라디오로 경기를 듣곤 하죠. 그런 다음 TV 중계도 본답니다.

제가 좋아하는 팀이 이겼다는 사실을 알고 경기를 보게 될 경우 아무래도 TV 중계를 보는 태도가 달라지죠. 우리 팀이 공을 실수로 놓치거나 패스한 공을 빼앗겨도 괜찮습니다. 안타까운 일이지만 어쨌든 괜찮습니다. 결국엔 우리가 승리할 테니까요!

"이것을 너희에게 이름은 너희로 내 안에서 평안을 누리게 하려 함이라 세상에서는 너희가 환난을 당하나 담대하라 내가 세상을 이기었노라 하시니라." 요 16:33

중보기도자로서 최후의 결말을 안다는 것은 대단히 중요한 일입니다.[5)]

넷째, 그리스도의 궁극적인 권위를 이해해야 순종할 수 있다.

그리스도의 주님 되심이나 권위 아래에 있을 때 하나님이 축복하시는 방식으로 이 세상을 살아갈 수 있다. 우리는 우리의 개인적인 세상에 결코 책임을 질 수 없다. 대부분의 사람들과 너무나 많은 그리스도인들은 자신들이 원하는 대로 하면서도 여전히 하나님의 보살핌을 받을 수 있다고 믿는다. 이것은 대단한 기만이다. 이것은 그분의 가슴 위에 올라앉으려는 시도나 다름없다.

성경은 우리가 "즐겨 순종하면 땅의 아름다운 소산을 먹을 것"이라고 말한다. 이 구절이 담긴 영어성경 「메시지」The Message의 전문에 귀 기울여보자.

"나는 너희가 죄를 짓는 와중에서도 종교, 종교, 종교 하는 게 넌덜머리가 난다. 너희가 다음에 기도 의식을 드리는 척하더라도 나는 쳐다보지 않겠다. 너희가 아무리 길게, 크게, 자주 기도할지라도 나는 듣지 않겠다. 그 이유를 아느냐? 너희는 사람들을 갈기갈기 잡아뜯었고 너희 손은 피로 가득하다. 집에 가서 씻으라. 너희 행실을 깨끗케 하라. 너희 삶에서 악한 일들을 쓸어버려 더 이상 그것들이 내 눈에 띄지 않게 하라. 부정한 일을 거절하라. 옳은 일을 배우라. 정의를 위해 일하라. 아무것도 가진 게 없는 사람들을 도와주라. 집 없는 사람들의 편에 서라. 방어 능력이 없는 사람들을 위해 싸우러 나가라."

이것은 하나님의 말씀입니다.

"와서 앉으라. 우리가 서로 변론하자. 너희 죄가 주홍 같을지라도 눈과 같이 희어질 것이요 진홍같이 붉을지라도 양털같이 될 것이다. 너희가 즐겨 순종하면 왕들과 같은 대접을 받게 될 것이다. 그러나 고집을 부리고 굽히지 않으면, 개들처럼 죽게 될 것이다."

그렇습니다. 하나님은 그렇게 말씀하고 계십니다. 사 1:14~20

단호한 말씀이 아닌가? 하나님은 상당히 명확하게 말씀하신다. 하나님께 순종하라. 하나님의 권위 아래에서 행하라. 그러면 좋은 것들을 받고 나쁜 일들을 피할 수 있다. 조물주이신 하나님은 축복하기를 좋아하고 책망하기를 좋아하지 않으신다. 그분의 방식대로 행하여 "왕들과 같은 대접을 받으라."

'하나님의 운명의 책'에 쓰인 당신의 이야기는 이제 당신의 마음에 내려앉기를 기다리고 있다. 그분의 권위를 믿고 그분의 계획을 믿으라. 그분은 당신이 여태까지 꿈꾸었던 것보다 더 높은 권위에 당신을 두기 위해 기다리고 계신다. 그럴 때 당신은 권위 있는 기도를 함으로써 어떤 상황에서도 책임자로 나설 수 있게 된다.

조물주가 우리를 위해 '태초에' 계획하신 것을 좀더 가까이 들여다보자. 그럴 때 우리가 받은 권위의 기도가 더욱 굳건해질 것이다.

4장

다스림의 임무

"부서지지 않았다면 고치지 말라"는 말을 흔히 들어보았을 것이다. 하지만 가끔 우리는 그것이 부서졌는지도 몰라서 고치지 않을 때가 있다. 어떤 경우에는 장애가 너무 오래 있다 보니 평범함이 기준이 되고 표준이 상대적인 것이 되어버린다. 우리 집 개 메르세데스와 함께하는 내 삶을 예로 들어보겠다. 녀석이 내 인생에 들어오기 전에는 표준은 하나였다. 그런데 이제는 완전히 달라졌다. 녀석에 관한 이야기를 하면 그것이 과연 사실인지 종종 질문을 받는다.

사실이다. 하루는 녀석을 쫓다가 지붕에 올라간 적도 있다. 하루는 녀석이 내 가슴팍에 올라앉았다. 그러한 일들은 이제 내게는 정상적인 생활이 되었다. 진짜 정상적인 생활은 다시 돌아올 것 같지 않다.

하루는 녀석이 내 무릎 위로 살금살금 기어 올라왔다. 작은 개들이 주인의 무릎 위에서 안락함을 누리는 모습이 부러웠던 모양이다.

"오, 사랑스러워라."

아내 세시가 말했다. 사랑스럽다고? 천만에. 녀석의 몸무게는 40킬로그램도 넘는걸! 게다가 녀석은 결정적인 순간에 욕실에 들어온다. 바로 내가 씻을 때 말이다. 녀석은 나를 지켜보면서 웃는다. 증명할 수는 없지만 사실이다.

녀석은 내 재산을 탕진하고 있다. 하루는 케이크 하나를 통째로 먹어치웠다. 녀석은 스테이크, 햄버거, 감자칩, 사탕, 그리고 집안 여기저기에 놓인 그 밖의 모든 음식들을 먹어치운다. 하여간 녀석 때문에 돈이 많이 든다. 녀석이 발가락을 다쳐서 수술을 할 때도 그랬다. 나는 녀석의 수술비를 치렀다. 녀석의 무릎 인대가 파열되었다는 것이다.

"개들의 무릎 인대도 파열되나요? 축구 선수들이나 그렇지 않나요?"

나는 수의사에게 물었다. 그러자 "아닙니다. 개들의 무릎 인대도 파열될 수 있습니다. 자연 치유는 되지 않으니 꼭 수술을 해야 합니다"라는 사무적인 대답만 돌아왔다.

"그냥 녀석을 정리해야 할 것 같아"라고 나는 그날 밤 가족들에게 말했다. 그러다가 가족들에게 몰매를 맞을지도 모른다는 생각이 심각하게 들었다. 결국 나는 "그래, 내가 몇 군데 집회에 더 나가고, 책을 몇 권 더 쓰면 문제가 해결될 거야"라고 제안했다. 녀석은 수술을 받은 후 깨끗하게 나았고 '정상'으로 돌아왔다. 나는 지금 녀석을 위해 이 책을 쓰고 있다.

우리가 회복할 임무

정상이란 상대적인 것이다. 회복이 그러하다. 우리는 그것이 무엇인지 알아야 정상으로 돌아갈 수 있다. 그리스도의 몸인 우리는 종종 회복된 권위에 대해 말하지만 애당초 우리가 잃어버린 것이 무엇인지 모르는 한, 예수님이 우리에게 무엇을 회복시켜 주셨는지 온전히 이해하지 못할 것이다. 그러니 뒤로 돌아가보자. 그래야 앞으로 나아갈 수 있다. 하나님이 우리를 위해 애초에 표준으로 정하신 것을

> “하나님은 목적을 가지고 일을 시작하시고 계획한 것을 지지하신다. 이것이 그분이 갈망하는 목적을 달성해가는 마땅한 방법이다.”

경험하기 위해 성경말씀으로 돌아가보자.

하나님은 목적이나 의도 없이 결코 어떤 일도 하지 않으신다. 그분은 시작부터 결말을 아시기 때문에 일을 하실 때 즉흥적으로 하시거나 미리 계산하실 필요가 전혀 없다. 그분이 우리를 위한 계획을 '생각해내려고' 애쓰신다는 말씀을 들을 일은 전혀 없다. 오히려 그분은 "너희를 향한 나의 생각은 내가 아나니…너희 장래에 소망을 주려 하는 생각이라"렘 29:11고 말씀하신다. 하나님은 목적을 가지고 일을 시작하시고 계획한 것을 지지하신다. 이것이 그분이 갈망하는 목적을 달성해가는 마땅한 방법이다.

이사야 선지자는 실제로 하나님이 "내가 종말을 처음부터 고하며"사 46:10라고 선언하신다고 말한다. 여기서 '종말' end은 '미래' future로 쓰인 히브리어와 동일하다.렘 29:11 이 말은 때때로 '운명' destiny이라고 빈역되기도 한다. 하나님은 처음부터 사람이나 사물의 종말 또는 미래, 운명, 목적이 어떻게 될지 알고 선언하시는 것이다. 주님은 이방 왕 고레스가 태어나기 150년 전에 그의 이름과 목적에 대해 말씀하셨다!사 44~45장

하나님은 이 땅을 창조하실 때부터 이미 이 땅의 목적, 즉 우리에 대해 알고 계셨다! 우리 인간은 하나님이 이 땅을 만드신 이유이다. 이 땅은 우리의 집과 소유지가 되기 위해 창조되었다. 우주의 건축가이신 하나님은 우리를 위한 가장 멋진 집을 설계하셨고, 만드셨으며, 우리를 그곳에 두셨다. 그리고 그것을 다스릴 책임을 우리에게 주셨다.

창조주는 엿새 동안 창조하신 후 창조하신 그 모든 것들을 보며 매우 기뻐하시고 이를 기념하는 하루를 계획하셨다. 창세기 2장 2절에서 '안식하시니라' rested고 번역된 단어는 또한 '기념하다' celebrate를 의미하고 그와 같이 번역될 수 있다. 하나님이 왜 안식해야 하셨는지 궁금한 적이 없었는가? 그분이 피곤해서 그랬다는 것은 믿을 수 없다. 나는 그분이 일곱 번째 날에 창조를 기념하셨다고 믿는다. 하늘 아버지는 자랑스러워하고 뿌듯해하셨다. 그 지으신 것들을 보고 "심히 좋았더라"창 1:31 하며 기뻐하셨다.

창조를 기념하신 다음 하나님은 우리에게 임무를 주셨다. 하나님의 본래 의도는 인간이 세상의 피조물들을 다스리는 것이었다. 그것은 실제로 '아담'이라는 히브리 단어와 이름이 의미하는 바이다. 즉, 아담은 '한 인간' 한 개인이나 인류를 가리킴[1]을 의미하고 "보통 집합적인 의미로 '인류'를 언급한다."[2] 흥미롭게도 먼지나 흙을 가리키는 히브리어는 '아담' Adam과 같은 어원에서 나온 '아다마' adamah이다. 하나님은 아담인류을 '아다마' 흙, 창 2:7로 만드셨다. 우리는 우리가 살고 있는 곳과 같은 재료로 만들어진 것이다!

그렇게 하나님은 아담인류을 만드시고 첫 번째 인간에게 '아담'이라는 이름을 지어주셨다. 이것은 개 이름을 '개'라고 짓거나 딸의 이름을 '딸'이라고 짓는 것과 같다. 그렇다면 창조주가 사람에게 이름을 지어주실 때 창조성을 발휘하지 않으신 것일까? 그렇지 않다. 하나님은 이 첫 번째 아담이 모든 아담들의 시초라는 점을 입증하고 계신 것이다. 그는 우리 모두를 대표하는 원형이다. 우리의 조상을 거슬러 올라가다보면 그가 있고 우리는 그로부터 본성과 체질을 물려받았다. 하나님은 아담에게 의도하셨던 것을 모든 아담들에게 의도하셨다. 이 땅을 다스리는 권위를 포함해서 말이다.

이 땅을 다스릴 책임

창세기 1장 26절에서 하나님이 그분의 형상대로 '사람'을 만드시고 "모든 것을 다스리게 하자"라고 말씀하신 이유가 여기에 있다. 모든 아담들, 모든 인류는 이 땅을 다스릴 권위를 받았다. 신나는 일 아닌가!

시편 115편 16절은 인간의 통치 임무와 관련해 하나님이 인간에게 본래 의도하셨던 바를 확실히 보여준다. “하늘은 여호와의 하늘이라도 땅은 인생에게 주셨도다”는 구절에서 ‘주셨도다’ 라는 말은 소유권을 의미하는 히브리어에서 왔는데, 이 단어는 또한 ‘임무를 맡기는 의미에서 주는 것’ 을 의미한다. 즉, ‘책임을 지우는 것’[3]이다. 하나님은 아담의 자손들인 우리에게 “별들과 행성들과 은하수는 내가 돌보겠지만 이 땅을 돌보는 것은 네 몫이다. 네가 이 땅을 책임지라”고 말씀하신 것이다. 그래서 제임스 모펫은 성경을 번역하면서 이 부분을 ‘그분이 사람들에게 위임하신 이 땅’ 이라고 표현한다. 하나님은 이 땅의 소유권을 저버리신 것이 아니라 인간들에게 이것을 다스리고 관리할 책임을 위임하신 것이다. 그 일은 먼저 우리의 개인적인 세상에서 시작되고 계속해서 확장되며 온 세상들로 그 영역을 넓혀간다.

하나님은 왜 그와 같은 일을 하셨을까? 왜냐하면 바로 그분의 본성을 타고났고, 그분의 형상과 모양을 따라 만들어졌고, 그분의 생기를 채워넣은 가족, 그분의 계획들을 함께 나눌 수 있는 가족을 원했기 때문이다. 본질적으로 하나님은 이렇게 말씀하고 계신 것이다.

"나는 가족을 원한다. 나는 그들을 위해 멋진 집이 땅을 만들고 그 집을 그들에게 맡길 것이다. 물론 그들은 나를 위해 자신들의 힘으로 그 땅을 관리할 것이다. 저 아래 땅에서 내가 하는 일은 오직 그 땅에 그들을 두는 것이다."

이 얼마나 담대하고 혁신적인 계획인가! 기쁠 때나 슬플 때나 함께 일하는 하나님과 인간, 이는 의심할 나위없는 성경의 이야기들이다.

- 한 성을 심판할지 그렇지 않을지에 대해서 한 인간과 협상하시는 하나님을 보라. 창 18:16~33
- 비를 내려달라고 한 사람이 기도하기를 기다리시는 하나님을 보라. 왕상 18:41~46
- 축복을 할지 아니면 저주를 내릴지 스스로 결정하도록 한 민족에게 말씀하시는 하나님을 보라. 신 27~28장
- 한 민족을 심판으로부터 구해주기를 원하지만 이를 구하는 중보기도자 한 사람을 찾지 못해 진노하시는 하나님을 보라. 겔 22:30~31
- 한 민족을 회복시켜 주시기 위해 그들에게 가서 예언하라고 요구하시는 하나님을 보라. 겔 37:1~14

• 인류를 구속하기를 원하시지만 그렇게 하는 것이 그분의 본래 결정을 영화롭게 하는 반면 자신이 그들 가운데 한 사람이 되어야 한다는 것을 아시는 하나님을 보라. 요 1:14

성경에 따르면 하나님은 인간들과 상관없이 일하지 않으신다. 하나님이 인간들을 통해 이 땅에서 일하시는 것은 명백한 사실이다. 그래서 하나님의 주권에도 불구하고 이 땅의 일들이 뒤죽박죽이 되기도 하고, 때때로 하나님이 원하시는 변화를 일으키는 데 시간이 걸리는 경우가 생기기도 한다. 이러한 사실을 잘 알지 못해 우리는 왜 하나님이 약속하신 일을 하지 않으실까 의심하며 가끔 좌절감을 느끼기도 한다. 그러나 하나님은 우리가 어떤 일을 나서서 하기를 기다리실 때가 종종 있다. 우리를 동역자로 삼으신 하나님의 계획을 이해할 때 우리의 많은 의문점들이 풀릴 것이다.

몇 가지 정의들을 더 살펴보면서 인류를 동역자 삼으신 하나님의 계획을 확신할 수 있다. 하나님은 아담에게 에덴동산을 '지키라' keep[4]고 말씀하셨다. 창 2:15 이 말씀은 다른 데서는 '파수꾼 watchman이 되라' 로 번역되는데, 이는 '지키는 것 또는 보호하는 것' 을 뜻한다.[5] 이 땅에서 하나님의 통치

기관이 된 아담은 이 땅을 지킬 책임이 있었다. 틀림없이 사탄으로부터 지키는 일이었을 것이다. 아직 사탄 말고는 이 땅을 지키기 위해 맞설 상대가 없었기 때문이다. 아담은 이 일에 실패했고 그로 인해 사탄은 이 땅에서 세력을 얻게 되었다.

척과 함께 50개 주를 순방하며 사역을 할 때 뉴저지에서 나는 파수꾼이 되는 것에 관한 말씀을 전하라는 성령님의 인도하심을 받았다. 성령님은 계속해서 내게 뉴저지는 그들의 에덴동산에 사탄을 들어오지 못하게 하라는 부르심을 받은 '파수꾼 주' 라는 말씀을 하셨다. 나는 뉴저지 주와 우리나라를 '에덴동산' 이라고 부르며 반복해서 "여러분은 에덴동산에 사탄이 들어오지 못하게 막아야 합니다"라고 말했다.

내가 이렇게 말하자 사람들은 빙그레 웃으며 서로 팔꿈치로 쿡쿡 찔렀다. 나는 다소 멋쩍어졌고 내가 큰 실수를 한 것은 아닌가 하는 생각이 잠시 들었다. 그때 누군가가 이렇게 소리쳤다.

"뉴저지 주가 에덴동산이라고 불린다는 말씀에 공감합니다. 우리는 이곳을 잘 지켜야 합니다."

그 외침으로 인해 내 말은 사람들에게 좀더 강력하게 다가갈 수 있었다.

성령님은 뉴저지 주의 사람들이 파수꾼의 역할을 할 경우, 뉴저지 주에 들어오려고 애쓰는 '독사들' vipers, 보병 휴대용 대전차 로켓 발사기를 뜻하기도 함 이 드러나게 될 것이라고 말씀하셨다. 물론 우리는 그 독사들이 사탄의 악한 계획들을 상징한다는 것을 알고 있었다.

뉴저지를 위해 기도하는 사람들은 그 말씀이 하나님으로부터 왔다는 것을 믿고 주 전체에서 21일간 계속될 새벽기도 모임을 조직하면서 행동에 돌입했다. 많은 이들이 금식을 했다. 3주가 끝나갈 즈음 항구를 통해 미국에 미사일 발사기를 몰래 들여오려던 계획이 드러났을 때, 이 중보기도자들이 느낀 부르심에 대한 격려와 확신이 얼마나 컸을지 상상해보라!

하나님의 동역자

우리는 하나님의 도구들이다. 하나님은 우리를 통해 이 땅을 다스리고 지키신다. 그것은 통치적인 기도에 관한 모든 것을 말해준다. 다음 인용문만큼 이 땅에 대한 권위나 통치에 대한 개념을 분명하게 보여주는 구절이 또 있을까?

하나님이 가라사대 우리의 형상을 따라 우리의 모양대로 우리가 사람을 만들고 그로 바다의 고기와 공중의 새와 육축과 온 땅과 땅에 기는 모든 것을 다스리게 하자 하시고 하나님이 자기 형상 곧 하나님의 형상대로 사람을 창조하시되 남자와 여자를 창조하시고 하나님이 그들에게 복을 주시며 그들에게 이르시되 생육하고 번성하여 땅에 충만하라, 땅을 정복하라, 바다의 고기와 공중의 새와 땅에 움직이는 모든 생물을 다스리라 하시니라. 창 1:26~28

주의 손가락으로 만드신 주의 하늘과
주의 베풀어두신 달과 별들을 내가 보오니
사람이 무엇이관대 주께서 저를 생각하시며
인자가 무엇이관대 주께서 저를 권고하시나이까
저를 천사보다 조금 못하게 하시고
영화와 존귀로 관을 씌우셨나이다
주의 손으로 만드신 것을 다스리게 하시고
만물을 그 발아래 두셨으니. 시 8:3-6

이 구절들은 '다스리다'는 말에 두 가지 다른 히브리어를 사용하는데, 둘 다 권위와 통치에 대한 개념을 담고 있다. 창세기에 쓰인 '라다' radah는 '정복하다, 복종케 하다,

지배하다, 주권을 잡다, 점령하다'[6]라는 뜻이다. 그것은 우리 인간이 이 땅에서 취할 행동들이다. 하나님의 궁극적인 의도는 우리가 우리의 개인적인 세상을 다스리고 나아가 주변 세상을 다스리는 데 있어 하나님의 다른 자녀들과 동역자가 되는 것이다. 우리는 정부 관리인 셈이다!

시편 8편 6절에 쓰인 '다스리다'는 '마샬' mashal이 번역된 단어로 '통치하거나 관리하다'[7]를 의미한다. 이와 똑같은 단어가 실제로, 광명으로 낮과 밤을 주관하게 하신다는 내용을 담고 있는 창세기 1장 16절과 18절에서 '주관하다' govern라는 말로 번역된다. 여기서 해와 달은 상당히 중요한 일을 하고 있다. 과연 그 중요한 일을 당신과 내가 할 수 있을지 염려된다. 우리는 어떻게 우리의 세상을 다스리거나 책임지는 일을 할 수 있을까?

"하나님의 궁극적인 의도는 우리가 우리의 개인적인 세상을 다스리고 나아가 주변 세상을 다스리는 데 있어 하나님의 다른 자녀들과 동역자가 되는 것이다."

"다만 그 일을 하라"

2001년 나와 윌 포드, 루 잉글, 짐과 페이스 초사, 그리고 서른 명에서 마흔 명으로 구성된 중보기도 팀은 하나님의 명을 받아 미국 북동부를 다니며 기도하는 여정에 올랐다. 우리의 목적은 그 지역의 문제를 풀어갈 돌파구를 경험하고 그 지역이 영적으로 그리스도께 돌아오는 과정을 시작하는 것이었다.

우리는 뉴잉글랜드의 모든 주들과 미국의 원조격인 많은 도시들과 정착지들, 북동부 명문 대학 대부분들과 그 밖의 수십 곳을 다녔다. 힘들었지만 놀라운 여정이었다! 하나님은 우리가 애초 꿈꾸었던 것보다 많은 일을 하셨다. 여기에서 그 자세한 일들을 다 나눌 수는 없다.[8] 다만 하나님이 이 여정에서 우리를 인도하셨을 때 내게 지시하신 것들만 말하겠다. 하나님은 내게 "가라. 그리고 북동부에서 나를 위해 돌파구를 명하라. 미국 북동부의 문들을 내게로 열라" 시 24:7~10고 말씀하셨다.

놀라기도 하고 겁이 난 나는 "글쎄요, 주님! 어쨌든 최선을 다해보겠습니다"라고 대답했다. 그때 주님이 내게 주신 말씀을 나는 결코 잊지 못할 것이다.

"나는 네게 최선을 다하라고 말하지 않았다. 그 일을 하라고 했을 뿐이다. 내가 [세례] 요한에게 백성들을 내게로 돌아오게 하며눅 1:16 내 아들을 위한 길을 예비하라고 말했을 때 나는 그에게 '최선을 다하라'고 요구하지 않았다. 나는 다만 그 일을 하라고 말했을 뿐이다.

이 일은 네 능력 또는 네가 얼마나 완벽하게 기도하느냐에 달려 있지 않다. 이 일은 순종에 관한 문제이다. 이 일을 하기 위해 나를 위한 교회들이 이미 충분히 기도하고 금식하며 회개해왔다. 이제는 그 일을 시작할 때이다. 자, 가서 나를 위해 그 일을 선포하라!"

그것이 하나님을 위해 이 땅을 관리하고 주관하는 '라다'요 '마샬'이다. 나는 주님의 말씀이 단순하다는 것에 놀랐다. 그 일은 '우리'의 힘이 아니라 '그분'의 힘에 관한 문제라는 사실을 그 어느 때보다 절실히 깨달았다. 하나님은 단순히 위임된 권위를 이해하고 이 땅에 하나님나라의 정부를 실현하려는 몇몇 사람들을 필요로 하셨다. 우리는 다만 그 일을 했을 뿐이고, 그 결과는 실로 놀라웠다.

그러나 하나님이 우리, 아담의 자손들에게 맡기신 임무는 인류 역사 초기부터 험난한 변화를 겪었다. 이 땅에 대한 권위를 최초의 아담에게 주신 하나님의 결정은 너무나 완전하고 최종적인 것이었기에, 아담은 그것을 저버릴 권한마저 가지고 있었다. 이 땅에 대한 권위를 사탄에게 준 것은 하나님이 아니라 아담이었다. 아담이 하나님 대신 사탄에게 복종하기로 결심했을 때 우리 조상이 위임받은 권리 가운데 많은 부분이 사탄에게 넘어갔다. 사탄은 온 땅을 다스리는 거대한 지배력을 얻게 되었고, 세상을 다스리는 우리의 능력은 엄청난 타격을 입었다. 하나님은 성경에 나오는 몇 가지 경우에서 이러한 권위를 인정하고 계신다.

이제 다음 장에서 사탄이 자신의 영향력을 가지고 어떻게 최후를 맞이하는지 보다 자세히 들여다보며 그것이 우리에게 의미하는 바를 살펴보자.

5장

주도권, 상실과 회복

고등학교 때 나는 잘나가는 쿼터백이었다. 적어도 어머니는 항상 그렇게 말씀하셨다. 그리고 어머니는 항상 진실만을 말씀하신다. 어머니 말에 따르면 다른 선수들이 나만큼 잘했다면 우리 팀은 결코 지는 법이 없었을 것이다. 내가 던진 공이 확실히 몇 차례 가로채임을 당했지만, 그것은 내 공을 받는 사람들의 실수였지 내 실수는 아니었다.

게다가 나는 상당히 잘 뛰는 선수였다. 어머니는 동생과 내가 팀에서 제일가는 선수라고 말씀하셨다. 우리 형제는 함께 터치다운을 하여 점수를 냈는데, 우리 팀 블로커들이 좀더 잘해주었다면 더 많은 점수를 냈을 것이다.

주요 라이벌 팀 가운데 하나인 타라완다와 경기할 때가 기억난다. 나는 그 경기에서 터치다운을 하나도 기록하지 못했다. 우리 팀 선수들이 내 공을 제대로 받지 못했지만 우리는 어쨌든 그럭저럭 경기를 하고 있었다. 점수가 동점을 이루었고 타라완다 팀이 한 플레이를 더 할 수 있는 시간과 함께 공을 쥐고 있었다. 나는 수비수도 맡고 있었는데 상대팀에서 가장 잘 달리는 인기 스타를 전담하고 있었다. 일이 그렇게 되려고 해서인지 그는 마지막 경기에서 터치다운을 따냈다. 이것 또한 내 실수는 아니었다. 우리 팀 선수 가운데 한 명이 내가 진행하는 방향으로 들어와 '얼쩡거리는' 바람에 내 임무를 제대로 수행할 수 없었던 것이다. 나중에 집에 돌아왔을 때 어머니는 그 사실을 확인해주셨다. 어머니의 눈은 상당히 예리했다.

소유권의 변화

인생이라는 경기의 최종 결과가 언제나 틀림없다 할지라도, 그 과정에서 몇 가지 소유권의 변화와 진행상의 전환들이 나타나게 마련이다. 창세기 3장에서 아담은 하와에게 잘못을 돌렸고, 하와는 뱀에게 잘못을 돌렸으며, 우리 모든 인간들은 그 후로 서로에게 잘못을 돌려오고 있다. 사탄은 공을 되찾았고 이 땅의 지배권은 소유권의 변화를 맞이했다. 마귀들은 공격을 개시했고 모든 '아담의 자손들'은 수비수로 나서게 되었다.

아담의 자손들의 감독이자 다행히도 규칙위원회의 임원장이며 회장이신 하나님은, 이 대목에서 중요한 선언 하나를 하셨다. 그분은 뱀에게 "내가 너로 여자와 원수가 되게 하고 너의 후손도 여자의 후손과 원수가 되게 하리니 여자의 후손은 네 머리를 상하게 할 것이요 너는 그의 발꿈치를 상하게 할 것이니라"창 3:15라고 말씀하셨다.

하나님께서 사탄의 머리를 상하게 하겠다고 말씀하신 것은 사탄의 육체적인 머리가 아니라 그의 지배력 또는 권위에 대해 말씀하신 것이다. 히브리어 '로시' rosh는 글자 그대로 머리를 가리키기도 하지만 서열 또는 첫 번째 권위를 의미하기도 한다. 오늘날 우리는 많은 영역에서 같은 방식으로 그 말을 나라의 수장 또는 회사의 장과 관련해 사용한다. 하나님은 무슨 일이 벌어졌는지 바로 아셨다. 사탄이 아담으로부터 이 땅의 지배권을 빼앗는 데 성공한 것이다.

그러나 하나님은 또한 이미 그것을 되돌릴 계획을 가지고 계셨다. 그래서 "내가 승리할 것이다!"라고 선언하고 계신 것이다.

예수님이 사탄을 가리켜 "이 세상 임금"요 12:31, 14:30, 16:11이라고 부르신 것으로 보아 그분은 사탄이 이 세상에 갖고 있는 권위에 대해 알고 계셨음을 알 수 있다. 여기서 '임금'이란 헬라어로 '아콘'archon이고, 그것은 '로시'와 같이 '서열 또는 질서상 첫 번째', '통치하는 것'을 의미하기도 한다. 그래서 다른 곳에서는 지배자, 군주로 번역된다. 그리스도는 수천 년 전에 에덴동산에서 알려졌던 것에 대해 다시 언급하고 계신다. 그때 사탄은 이 땅의 우두머리였다.

예수님이 광야에서 시험을 받으시는 동안 사탄은 이 점을 뽐냈다. 경배에 굶주린 그 뱀은 예수님을 산으로 데려가 천하만국을 보여주며 말했다.

"이 모든 권세와 그 영광을 내가 네게 주리라 이것은 내게 넘겨준 것이므로 나의 원하는 자에게 주노라 그러므로 네가 만일 내게 절하면 다 네 것이 되리라."눅 4:6~7

사탄이 자신의 '소유지'에 대해 언급한 말에는 '엑소시아'exousia라는 단어가 포함되는데, 이것은 신약성경에서 기본적으로 '권위'를 가리키는 단어로 쓰이는 것을 이미 살펴보았다. “이것은 내게 넘겨준 것”이라고 사탄은 거들먹댔다. 그것은 사실이었고, 예수님은 그 사실을 알고 계셨다. 그분은 또한 주권의 변동이 이루어진 이래로 그 마귀가 인류의 가슴을 짓눌러왔다는 것을 알고 계셨다.

그것은 또한 예수님이 이 땅에 오신 이유이기도 했다. 그리스도는 사탄의 방식으로 그 일을 이루려고 하지는 않으셨지만, 경기의 주도권을 넘겨받고 우리를 자유롭게 하시기 위해 오신 것이다.

주도권의 회복

예수님은 아담이 잃어버린 지배력을 되찾기 위해 오셨다. 그분의 말씀에 귀 기울여보라.

“주의 성령이 내게 임하셨습니다. 이는 그분이 가난한 자에게 복음을 전하라고 나를 택하셨고, 포로 된 자에게 자유를, 눈먼 자에게 다시 보게 함을 전파하며, 눌린 자와 상한 자를 자유케 하고 ‘이것이 하나님의 해가 시작된 것!’ 임을 전파하게 하려 하심입니다.”눅 4:18~19, 메시지 역

그 말씀대로 예수님은 그 일을 하셨다. 예수님이 공을 안전한 곳으로 옮기셨을 때 즉시 힘의 전환이 이루어졌다.

그분이 뱀의 머리를 부순 것은 굉장한 일이었다. 그 일은 예수님이 이 땅에서 사역을 하면서 시작되었다.

"저가 두루 다니시며 착한 일을 행하시고 마귀에게 눌린 모든 자를 고치셨으니." 행 10:38

- 예수님은 죄인들에게 인생의 새로운 임차권을 주시며 그들을 용서하셨다.
- 예수님은 귀신에게 사로잡히고 미치기까지 한 이들에게 자유를 주시며 그들을 구원하셨다. 전사이신 그리스도가 나타났을 때 귀신들은 두려움에 떨며 소리를 질렀다.
- 예수님은 여러 가지로 아프고 병에 걸린 자들, 그리고 육체적으로 어려움을 겪는 사람들을 고쳐주셨다.
- 예수님은 하늘 아버지와 참으로 진정한 관계를 가질 수 있다는 소망을 모든 사람들에게 주시며, 그런 면에서 당시 사람들의 잘못된 생각을 지적하셨다.
- 예수님이 권위를 가지고 분명하게 진리를 말씀하시자 적들조차 그 말씀에 압도당했다.

예수님은 지옥의 경계선을 무너뜨리는 중요한 일을 하신 것이다! 어둠의 왕국은 그 힘을 잃어가기 시작했다. 그들의 경기는 풀리지 않았고, 어떤 사악한 세력도 안전하지 못하게 되었으며, 주님의 사랑 많으신 자비와 구속하시는 능력 안에 들어가지 못하는 인간은 없게 되었다. 사탄은 바로 이 존재에 의해 천국에서 쫓겨났음을 기억해냈다. 분명히 그는 자신의 지배력이 파괴될 것이라는 창세기의 약속을 기억해냈을 것이다. 의심할 여지없이 그는 두려움에 떨었다.

지옥의 세력들은 타임아웃을 부르고 작전 회의를 하러 모였다. 사탄은 십자가에서 최후의 권력 플레이를 시도했다. 그 계획이 실행되고 경기가 끝났다고 생각하는 바로 그때에 모든 지옥이 말 그대로 깨져버렸다! 연장전에서 먼저 점수를 내면 승리하는 그때에 예수님이 골라인을 넘으셨고 아담의 경기는 만회되었다. 피와 살을 지닌 아담, 인간으로서 온전히 자격을 갖춘, 그래서 합법적으로 우리를 대신할 수 있는 그리스도는 그분의 승리를 받아들이는 모든 아담의 자손들을 위해 그날을 지켜내셨다.

「반역의 행성」Planet in Rebellion에서 조지 밴더만은 이런 글을 썼다.

1946년 5월 21일 로스알라모스, 젊고 용감한 한 과학자는 비키니 남태

평양 바닷물 속에서 실행할 핵실험을 준비하고 있었다.

전에도 수차례 그러한 실험을 성공적으로 수행한 터였다. 그는 연쇄 반응에 필요한 우라늄의 양을 정확히 계측해야 했다. 과학자들은 그것을 일컬어 '임계질량'이라고 했다. 그는 두 개의 우라늄 반구를 천천히 밀어 넣었다. 그리고 임계점에 도달할 바로 그때에 드라이버로 그것을 떨어뜨리면 즉각 연쇄 반응이 멈추었다.

그런데 이날 질량이 임계점에 이르렀을 때 그만 드라이버가 미끄러지고 말았다. 두 개의 우라늄 반구는 너무나도 근접한 상태였다. 이내 방은 눈부신 푸른색 안개로 가득 찼다. 젊은 과학자 루이스 슬로틴은 목숨을 구하기 위해 그 자리를 급히 빠져나오는 대신에 맨손으로 두 반구를 떼어놓아 연쇄 반응을 막았다.

한순간 자아를 잊은 헌신적인 용기로 그는 그 방에 있는 다른 일곱 명의 목숨을 구했다. 그는 병원 구급차를 기다리면서 동료에게 조용히 이렇게 말했다.

"자네는 끝까지 잘 견뎌낼 거야. 하지만 나는 가망이 전혀 없다네."

유감스럽지만 그것은 사실이었다. 9일 후 그는 고통 가운데 숨을 거두었다.

2000년 전에 살아계신 하나님의 아들은 고농축 죄의 방사능 속으로 직접 걸어 들어가셨다. 그로 인해 자신에게 돌아올 피해를 받아들이면서 말이다. 목숨을 내놓으신 것이다. … 그러나 그 행동으로 그분은 연쇄 반응을

깨뜨리셨다. 죄의 권세를 깨뜨리셨다.[1)]

그리스도와 슬로틴의 차이점은 그리스도가 우리를 대신해 죽으셨을 뿐만 아니라 그 죽음을 이기셨다는 것이다. 그리스도는 죽음의 영역으로 들어가셨고, 그 열쇠를 취하셨으며, 사망의 쏘는 것을 막는 영원한 해결책을 마련하셨다. 사람들이 일반적으로 알고 있듯이 "그분이 이 땅 전역에서 인간의 새로운 머리가 되셨다"는 것이 가장 중요한 사실은 아니다. 이 땅에 대한 권위는 지금 다시는 그것을 잃어버리지 않을 한 인간-하나님의 사람, 예수님-의 손 안에서 안전하다는 사실이 중요하다. 만물이 "만물 위에 교회의 머리"이신 그분의 발아래 복종해왔다.엡 1:22 그분은 "모든 정사와 권세의 머리" 되신다.골 2:10

그리스도의 죽음과 부활이 의미하는 바를 기억하라. 한 번 더 말하자면, 그리스도는 사탄의 능력이 아니라 권위를 제어하신 것이다.이 책의 2장 참조

사탄과의 대결

몬태나 출신의 아메리칸 인디언 중보기도자인 짐과 페

이스 초사는 그리스도가 찾아주신 우리의 권위를 가지고 기도하는 사람들이다. 그래서 그들은 다음 글에서 보듯이 통치적인 기도로 쓰임 받고 있다.

2004년 이른 봄, 우리는 달라이 라마가 캐나다 토론토를 방문하면서 우리나라의 오대호 북문으로 722명의 티베트 신비주의자들이 들어온다는 소식을 들었다. 하나님의 영은 이것을 막으라고 큰 군대를 일으켜 세우셨다. 하나님의 영은 캐나다 솔트 세인트 메리에 한 팀으로 모여 영토 전쟁과 해방 차원에서 사람들을 준비시키라고, 한 몸이 되어 이 길목에서 그 신성 모독자들을 와해시키는 작업을 시작하라고 우리를 격려하셨다. 그런 다음 우리는 그 지역의 악한 영들을 가두어 722명의 악한 영들을 그 지역에 초대하려는 그들의 능력을 무력하게 만들고자 했다.

결과는 즉각 나타났다. 달라이 라마는 말했다.

"토론토는 매우 힘든 곳입니다. 내가 하려고 계획했던 것들을 이룰 수 없었습니다."

다시 말해 그는 722명의 신비주의자들을 이곳 매우 중요한 북부 통로로 들어오게 할 수 없었고 고향으로 데려가야 했다.

이것이 권위 있는 기도이다! 주님이 우리를 위해 되찾아 주신 권위를 우리가 취하고 그분의 승리를 주장할 때 우리 주님은 기뻐하신다. 우리는 주님의 영웅적인 노력이 이룬 일을 헛되이해서는 절대로 안 된다.

나는 그리스도가 십자가와 부활 사건이 일어난 후에 하신 승리의 연설을 좋아한다.마 28:16~20 제자들은 "예수의 명하시던 산에 이르[렀고]"16절, 예수님은 거기서 위대한 승리의 선언을 하셨다.

"하늘과 땅의 모든 권세를 내게 주셨으니."18절

다시 말해, 여기서 '권세' authority는 '엑소시아' exousia이고, 이 단어는 사탄이 자신의 권세를 언급하며 그리스도를 유혹하는 장면에서 '세력 범위' domain로 풀이된다. 예수님은 단호하게 "사탄에게는 더 이상 권세가 없다! 내가 그것을 되찾아왔다. 하늘에서뿐만 아니라 땅에서도 내가 모든 권세를 가지고 있다"라고 말씀하시는 것이다.

밝혀지지는 않겠지만 나는 가끔 궁금해진다. 예수님은 이 선언을 하기 위해 오르실 산을 '정해놓으셨을까' 하는 점이다. 사탄이 예수님을 산으로 데려갔음을 기억하라. 거기서 그는 자신의 권세를 자랑했고 그것으로 그리스도를 유혹했다. 우리가 사는 이곳은 사탄이 그리스도를 데려갔던 바로 그 산이 아닐까? 예수님은 사탄과 한 번 더 대결을 하고 계시는 게 아닐까? 내가 아는 한, 한 가지는 확실하다. 그 대결은 이미 판가름 나 있다는 것이다. 승리는 정해진 일이었다.

주님은 여전히 싸우고 계시지만 사탄의 운명은 확실해졌다. 그의 파멸은 정해진 이치이다. 아담이 잃어버렸던 권위는 이제 마지막 '아담' 이신 주님의 손 안에서 안전하다.롬 5장 이제 우리는 우리의 머리 되신 그리스도가 우리를 통해 하나님나라의 법을 펼치기 원하신다는 것을 아는 가운데 참된 권위를 가지고 기도할 수 있다. 하나님은 당신의 자녀들을 통해 이 땅을 다스리고 계신다.

"하나님 아버지의 원래 계획은 이제 회복되었다. 하나님은 당신의 자녀들을 통해 이 땅을 다스리고 계신다."

하나님 아버지의 원래 계획은 이제 회복되었다. 하나님은 당신의 자녀들을 통해 이 땅을 다스리고 계신다. 네바다의 중보기도자 리니 워커는 이 사실을 보여주었다.

2004년 초반에 저는 긴급한 생각이 들어 잠에서 깼습니다.

"세상 어딘가에서 폭탄이 곧 터지려고 해. 자리에서 일어나 폭탄을 막아달라고 기도해야 돼."

이것이 저만의 상상은 아닌지 의심이 들기 시작했습니다. 게다가 자다 말고 일어나자니 너무나 피곤했습니다. 하지만 그러한 메시지가 '내면의 음성' 으로 더 강하게 울려왔습니다. 그래서 저는 자리에서 일어나 골방으로 가서 무릎을 꿇고 그 음모가 드러나게 해달라고, 아무 일도 일어나지 않게 해달라고 기도했습니다. 그런 후 "됐다. 이제 잠자리로 돌아가라" 하는 소리를 들었습니다.

저는 잠자리로 가려고 일어섰다가 다시 무릎을 꿇고 얼른 이런 청을 드렸습니다.

"주님, '폭탄이 터지지 않은 것' 이 보통은 뉴스가 되지 않겠지만, 내일 이 일에 관한 뉴스를 들을 수 있다면 정말 좋겠습니다."

그런 다음 잠자리로 돌아갔습니다.

다음날 아침, 잠에서 깬 저는 데니스에게 간밤에 제가 들었던 음성에 대해 이야기했습니다. 그러자 그는 "그렇다면, 텔레비전에 무슨 뉴스가 나오는지 보자"라고 제안했습니다.

CNN 방송을 켜자 속보가 나오고 있었습니다.

"다량의 폭탄이 스페인 기차선로에서 발견되었습니다."

철로 일꾼이 폭탄을 발견했다는 설명이 이어졌습니다. 그 폭탄은 작동 가능한 상태였고 터질 준비가 되어 있었지만 기폭장치를 가지고 있던 사람이 틀림없이 겁을 먹었던 것 같습니다! 며칠 전에 일어난 폭탄 테러로 이미 수백 명의 사람들이 목숨을 잃은 터였거든요. 폭탄 테러 미수 소식은 새로 당선된 지도자들의 취임식에 상당히 어두운 그림자를 드리웠습니다. 와우! 그것은 정말이지 뉴스감이었습니다.

하나님의 방식을 이해하면서 겸손한 마음과 두려운 마음이 들었습니다. 하나님은 사람들에게 이 땅에 대한 권위를 주셨습니다. 하나님은 당신의 백성들을 통해 일하기로 하신 것이죠. 그분은 잠자던 저를 깨우심으로-아마 다른 많은 사람들도 깨우셨을 것입니다-이번 사건에서 능력을 발휘하셨습니다. 제가 해야 했던 일은 오직 그분이 말씀하시는 것을 말하는 것이었고 그분은 응답하셨습니다! 이보다 쉬운 일이 어디 있을까요?

6장

주도권을 여는 열쇠

예수님은 타락한 세상에 모습을 드러내셨을 때 의심할 여지없이 그 세상의 주인으로 출발하셨다.

- 예수님은 물 위를 걸으시면서 자연의 법칙에 권위를 세우셨다. 마 14:25
- 예수님은 기후 패턴을 바꾸시면서 자연의 힘을 지배하셨다. 막 4:39
- 예수님은 음식의 양을 늘리고, 물로 포도주를 만들며, 육체를 한 장소에서 다른 장소로 이동시키며, 단지 말씀으로만 나무를 말라 죽게 하며 물리 현상의 법칙을 이기셨다. 마 15:36, 요 2:9, 6:21, 막 11:13~14, 20

• 예수님은 세금에 필요한 돈을 얻기 위해 물고기 한 마리를 사용하시면서 동물 세계에 권위를 가지고 계심을 보여주셨다. 마 17:27
• 예수님은 각색 병든 자들을 고치시며 질병에 대한 지배권을 보여주셨다. 행 10:38
• 예수님은 죽은 사람들을 다시 살아나게 하시면서 죽음을 다스리는 능력까지 보여주셨다. 요 11:43~44

하나님은 사탄의 왕국은 물론 천사들을 포함해 아무도 예상하지 못한 계획 가운데 '아담', 즉 인간이 되셨다. 그것은 너무나도 용감하고 대담한 계획이었고 그 결과는 경이로웠다. 하나님은 인간을 구속하기 위해 스스로 그렇게 되시고 인간들이 잃어버렸던 권위를 되찾으셨다. 이 땅의 소유권이 세워지던 초기에 그것에는 아무 문제가 없었고 그리스도의 권위 또한 그러했다. 그분은 권위를 잃어버린 적이 없으시다. 인간이 이 땅의 통치권을 다시 물려받든 물려받지 않든 그것은 인간의 권위에 관한 문제였다.

하나님의 사람 예수님은 우리의 죄과를 치르시고 우리를 하나님께로 회복시키는 과정에서 인간 아담이 잃어버린 권위를 되찾으셨다. 이제 그 권위는, 다시는 그것을 잃어버리지 않을 한 사람의 손 안에서 안전하다. 하나님의 원래 계획은 회복되었다. 하나님의 생명과 속성으로 충만한 이 땅에서 이제는 하나님을 아버지라고 부르며 하나님이 만드신 이 멋진 집을 관리하는 인류가 존재할 수 있게 되었다. 인간이 그것을 깨닫기만 한다면 말이다.

거듭난 우리는 더 이상 단순히 아담의 자손인 인간이 아니고, 크리스천 또는 '작은 예수'라고 불리는 초자연적인 신인류이다. 바울은 "육신에 속한 자"고전 3:3 라는 이유로 신자들을 나무랐다. 우리는 육신에 속한 자가 아니다. 우리는 가장 높으신 하나님의 초자연적인 딸과 아들로서 성령 충만하고 이 땅을 다스리도록 기름부음을 받았다. 하나님은 다시 가족을 가지게 되셨고 이제 이 땅을 통치하는 위대한 가족을 이끌어갈 계획에 착수하셨다.

> "거듭난 우리는 더 이상 단순히 아담의 자손인 인간이 아니고, 크리스천 또는 '작은 예수'라고 불리는 초자연적인 신인류이다."

에클레시아의 열쇠

텍사스 주 샌안토니오 알라모로 들어가는 주요 길목 가까이에 있는 벽에는 다음과 같은 설명이 붙은 초상화 하나가 걸려 있다.

제임스 버틀러 본햄 - 그의 사진은 없다. 이 초상화는 삼촌을 쏙 빼닮은 그의 조카 고故 메이저 제임스 본햄이다. 자유를 위해 목숨을 바친 제임스 버틀러 본햄의 모습을 알 수 있도록 여기 가족의 그림을 걸어놓는다.[1)]

예수님의 본 모습을 그린 그림은 없다. 하지만 우리는 그분을 따르는 자들의 삶 속에서 그분을 볼 수 있다. 이제 우리가 이 땅에서 하나님의 동역자가 되고 그분을 드러내는 역할을 할 것인가 못할 것인가가 관건이다. 하나님이 우리를 그분의 원래 계획에 데려다 놓으심을 인정하고 있는가? 아니면 단지 언젠가 천국에 들어가기 위해 구원받았다고 생각하고 있는가? 예수님이 그분의 교회를 지으셨다고 말씀하실 때 그 의도하신 바를 좀더 자세히 들여다보자. '교회' 라는 용어는 다음 구절에서 처음으로 쓰였다.

또 내가 네게 이르노니 너는 베드로라 내가 이 반석 위에 내 교회를 세우리니 음부의 권세가 이기지 못하리라 내가 천국 열쇠를 네게 주리니 네가 땅에서 무엇이든지 매면 하늘에서도 매일 것이요 네가 땅에서 무엇이든지 풀면 하늘에서도 풀리리라 하시고. 마 16:18~19

예수님이 헬라어로 에클레시아ekklesia인 '교회' 라는 말을 사용하셨을 때, 제자들은 당시에 널리 퍼져 있던 생각 때문에 그것이 의미하는 바를 제대로 깨닫지 못했다. 에클레시아에 대한 그들의 개념은 오늘날 사람들이 생각하는 것과 상당히 달랐다. 오늘날 우리에게 그것은 하나의 예배이고 크리스천이 사용하는 건물이며 크리스천의 지역 모임이거나 좀더 정확한 의미를 추구하는 사람들을 위해, 말하자면 세상으로부터 '구별되어 부름 받은' 하나님의 사람들을 가리킨다. 엄격히 번역하자면, 마지막 개념이 가장 정확한 뜻을 가지고 있지만, 이마저 그리스도가 에클레시아에 대해 놀라운 선언을 하셨을 때 그것이 지닌 개념과는 여전히 거리가 멀다.

그리스도 시대의 헬라인들에게 에클레시아란 국가나 민족을 통치하기 위해 따로 구별된 사람들의 모임이었다. 본질적으로는 의회나 국회 정도 되었다. 로마인들에게 그것은 정복한 지역이 로마화되기까지 그곳의 문화를 바꾸기 위해 파견된 사람들의 모임이었다. 정복한 지역을 로마화하는 것은 그들이 제국을 통제하는 이상적인 방법이었다. 그들은 사람들이 로마인처럼 말하고 생각하고 행동할 때까지 정부와 사회 구조, 언어, 학교 등에 손을 뻗쳤다.

예수님이 그분의 교회를 세우겠다고 말씀하신 것은, 분

명히 이 땅에 하나님나라의 통치다스림를 확장해 나가면서 그분을 위해 영적인 법령을 제정할 사람들의 무리를 말씀하신 것이다. 이 사실을 이해할 때 "지옥문들이 힘을 쓰지 못할 것"이라는 그분의 말씀은 더욱 많은 의미를 갖는다. 이 '문들'은 물리적인 문이라기보다는 지옥의 통치 계획을 가리킨다. 성경에 나오는 문들은 종종 재판장이 다스리기 위해 앉아 있는 곳이거나 통치의회가 결정을 내리기 위해 회합을 가졌던 곳으로서 대개 통치삼하 19:8, 잠 22:22~23를 상징했다. '성문'에 쓰인 히브리어는 실제로 '법정' court으로 번역되기도 한다. 룻 4:10~11

교회에 관한 이 첫 번째 선언에서 예수님은 지옥 왕국의 정부통치, 법령, 의회가 이 땅에서 그분의 왕국 정부, 즉 교회를 능가하지 못할 것이라고 말씀하신다. 그분은 이 선언에 이어서 교회에 '열쇠' 마 16:19를 주겠다는 말씀을 하시는데, 이 열쇠는 또한 권위를 떠오르게 한다. 열쇠는 문과 통로들을 잠그거나 여는 데 쓰인다. 즉, 그리스도의 교회는 지옥의 문통치권을 잠그고 천국의 문통치권을 여는 열쇠권위를 가지게 된 것이다. 대단한 선언이 아닐 수 없다!

종교적 신념은 사적인 것?

'월드비전' 지에서 존 롭은 이런 글을 썼다.

7년 전, 에티오피아 아디스아바바에서 남동쪽으로 두 시간여 차를 타고 가는 거리의 메마른 계곡 근처 아와시 강둑에 거대한 나무 하나가 서 있었다. 그 나무는 영원한 존재인 양 여러 세대를 걸쳐 그곳에 서 있었다.

오랫동안 그 주변 사람들은 기근으로 내내 고통을 겪어왔다. … 고통 속에서 사람들은 나무에게 도움을 구했다. 그 나무에 정령이 깃들어 신성한 능력이 있다고 믿었기에 그 우뚝 솟은 나무를 숭배했다. 어른들은 나무 옆을 지날 때 그 커다란 몸체에 입을 맞추며 낮고 공손한 톤으로 나무에게 말을 했다. 아이들은 "이 나무가 우리를 구해줘요"라고 말했다.

1989년 월드비전이 관개 시설을 설치하는 등 그곳에 개발 사업을 시작했다. … 하지만 아무리 월드비전에서 그런 시설을 세우려고 애썼지만 그 커다란 나무는 마을 사람들을 휘어잡고 두려움의 노예로 만들며 옛 질서를 고집하는 고약한 파수꾼처럼 서 있었다. 정령들의 비위를 맞추려고 사람들은 동물 제사를 지내고 금기 사항을 엄격히 지켰다.

월드비전의 일꾼들은 마을 사람들이 그 나무를 얼마나 숭배하고 있는지 보면서 그것이 하나의 우상이 되어 마을에 하나님의 왕국을 들여오고 그 공동체를 바꾸는 데 방해가 된다는 것을 알았다.

월드비전의 간사들이 함께 기도하던 어느 날 아침 예수님의 약속 가운데 하나가 그들의 마음속에 떠올랐다.

"믿음이 있다면 너는 이 나무에게 '들려서 없어지라' 고 말할 수 있으며 나무는 너에게 복종할 것이다."

그들은 그 위협적인 골리앗의 무릎을 꿇게 해달라고 믿음으로 하나님께 기도하기 시작했다.

이내 온 마을 사람들은 그리스도인들이 그 나무를 놓고 기도한다는 사실을 알았다. 6개월 후 그 나무는 마르기 시작했고 이파리들이 뚝뚝 떨어지더니 마침내 들이받힌 거인처럼 강물 속으로 무너져내렸다.

마을 사람들은 놀라서 이렇게 외쳤다.

"당신들의 하나님이 이 일을 해냈군요! 당신들의 하나님이 나무를 마르게 했어요!"

그 후 몇 주 안에 거의 100명에 이르는 마을 사람들이 예수 그리스도를 받아들였다. 그리스도인이 기도하여 응답으로 나타난 그분의 능력을 보았기 때문이다.[2)]

내가 말하려는 것이 바로 이것이다! 우리의 생각은 어디에 가 있었는가? 우리는 얼마나 이 진리를 놓쳐왔는가? 그리스도의 교회는 사회에 해를 끼치지 않되, 현 시대와 상관없이 각자의 일에나 신경 쓰며, 일주일에 한 번씩 모여서 예배드리고, 아무도 보지 않는 곳에 들어가 꼭 박혀 있고,

자신들만의 특별한 종교 의식이나 수행하는 집단이 아니다. 물론 이것은 많은 불신자들이 교회라면 마땅히 그럴 것이라고 생각하는 모습들이다. 종교적 신념은 어디까지나 '사적인 것'에 머물러야지 공공의 영역, 특히 '통치 영역'에 개입될 여지가 없다고 대중매체와 정치 지도자, 그리고 그 밖의 사람들이 말하는 것을 자주 듣는다.

이보다 더 성경적이지 못한 말이 또 있을까? 사탄이 불어넣은 이런 독단적인 주장의 이면에 있는 목적은 교회로 하여금 교회 되지 못하게 막는 것이다. 성경은 의도적으로 하나님과 하나님의 뜻을 드러내면서 통치 기관과 다른 공공의 영역들에 참여한 하나님과 경건한 인물들의 예로 가득 차 있다. 성경은 교회의 벽 너머에서 그리스도를 섬기고 알리라는 훈계로 가득 차 있다.

내가 복음 전도와 성경적인 도덕성 또는 하나님의 법이 이 땅에 전파되는 것을 막고자 하는 사탄이라면, 그리스도인더러 에클레시아가 되지 말라고 설득하는 것보다 더 좋은 방법이 없다고 생각한다. 다시 말해, 하나님을 골방에 계시게 내버려둔 채 그들만의 개인적인 세상에 틀

"내가 복음 전도와 성경적인 도덕성 또는 하나님의 법이 이 땅에 전파되는 것을 막고자 하는 사탄이라면… 교회가 참다운 교회가 되지 못하게 막는 것을 최우선으로 할 것이다."

어박혀 있으라고 설득하는 것이다. 교회가 참다운 교회가 되지 못하게 막는 것을 최우선으로 할 것이다. 이 땅에 하나님의 통치권이 사라지도록 하는 것을 목표로 삼을 것이다. 그렇게만 된다면 설령 권위를 잃어버린다 할지라도 사탄인 나는 여전히 이 땅을 다스릴 수 있다.

일부 종교인들이 가르치고 있는 것처럼 우리가 확실히 물리적인 힘이나 지배력을 가지고 우리의 믿음이나 하나님의 법을 이 땅에 전파하려고 하지 않는 통에, 우리가 원래 그런 일은 전혀 하지 않는 사람들처럼 된다는 것은 정말 어처구니없는 일이다. 우리는 하나님나라의 힘을 가지고 우리의 문화와 일터, 도시, 나라 등에 침입하여 그분의 생명과 법을 모든 곳에 퍼뜨려야 한다. 권위 있는 기도란 바로 그런 것이다.

예수님은 "모든 족속으로 제자를 삼[고]"마 28:19, "만민에게 복음을"막 16:15을 전파하거나 선포하라고 말씀하셨다. 사도행전에 나오는 교회는 "세상을 소란하게 한"행 17:6 사람들로 세상에 비쳤다. 그들은 가는 곳마다 현 상태를 뒤엎었다. 우리도 그래야 한다. 그리스도의 교회가 나타난 후에도 한 사회나 문화가 여전히 똑같은 채로 남아 있다면, 그 교회는 교회다운 교회가 아닌 것이다.

교회가 교회다워야

다음 보고서에서 보듯이 빌 존슨은 골방에 머물러 있는 교회를 믿지 않는다. 멕시코 티주아나에 아웃리치를 간 곳에서 일어난 사역은 정말이지 강력하여 믿기 힘들 정도이다. 그러나 나는 빌이 어떤 사람인지 알기에 이것이 거짓말이 아님을 장담할 수 있다. 다소 긴 보고서이지만 한 줄 한 줄이 너무나 손에 땀을 쥐게 하여 어디를 잘라내야 할지 결정할 수 없었다. 자, 그 역사 속으로 들어가보자.

그 팀은 저녁 여섯 시에 거리의 가장 막다른 곳 근처에 설치된 무대에서 만났다. 그곳에는 매춘부들과 갱들, 그리고 험악한 마약 판매상들이 기거하고 있었다. 주님의 임재가 완전히 충만한 가운데 팀원들이 다함께 기도하자 이 진귀한 광경을 보려고 주변의 사람들이 하나둘씩 모여들기 시작했다. 성령 안에서 무슨 역사가 일어나는지 보려고 하나님의 사람들 주변에 사람들이 모여들었던 사도행전의 경우에서처럼 말이다.

그러나 사역을 시작한 지 얼마 되지 않아 하루 종일 으르렁거리던 하늘에서 비가 쏟아지기 시작했다. 제3세대 지도자 가운데 한 명인 바비 브라운은 비가 계속 내리면 그날 밤에 하나님이 이루기 원하시는 일들이 수포로 돌아갈 것을 알기에 마이크가 있는 단으로 뛰어 올라갔다. 그는 하나님이 이 비를 멈추게 해주실 것이라고 모인 사람들에게 말했다. 그러고 나서 얼른 기도했을 때 비가 멈추었다. 도대체 어떻게 이런 일이 가능한지 사람들은 그저 놀라고 신기해했다! 기적이 일어났다는 소식이 퍼져나가자 더 많은 사람들이 무슨 일이 일어나는지 보려고 식당과 가게에서 나왔다. 사람들은 그곳에 이끌리지 않을 수 없었다. 그 사람들의 얼굴에는 주님의 임재에 대한 열망과 그분의 사랑이 드러나기를 바라는 갈망이 드러났다.

여섯 시간 동안 그 팀은 전도를 했고, 지식의 말씀을 받았고, 사람들을 주님께 이끌었으며, 수많은 신유의 기적들을 보았다. 그 일들은 사람이 이해할 수 있는 차원이 아니었고 그 자체에 움직이는 힘이 있었다. 그 팀은 하나님과 함께 힘을 쓰고 있었다. 하나님의 나라가 임하고 있었고, 그 팀은 단순히 복음을 들여오는 하나의 통로였다. 예수님을 영접하기 원하는지 청중들에게 묻는 사이사이에 강단 앞으로 나오라는 부름이 최소한 여섯 차례나 있었고 팀원들은 무대 주변에 서 있는 사람들에게 다가갔다. 창녀 다섯 명과 이란에서 온 이민자 한 명, 그리고 전쟁터에서 눈을 잃은 남자를 포함해 백 명이 넘는 사람들이 그리스도를 영접했다!

많은 이들이 몸이 낫는 것을 체험했다. 목발을 사용해온 한 남자가 어깨에 목발을 메고 걸어나갔다. 허리와 무릎, 엉덩이의 관절염 때문에 거의 걷지 못하던 할머니가 사역 팀의 기도를 받은 직후에 아무 고통 없이 자유롭고 빠르게 걸을 수 있었다! 독감에 시달리던 한 여성도 치유되었는데 실제로 '뜨거운 열기'가 몸에서 떠나는 것을 느꼈다고 한다. 한 남자는 구원을 받았고 무릎 치료도 받았다. 한 소녀는 목에 있던 종양이 완전히 사라졌다. 한 강도 용의자는 무릎을 꿇고 그동안 사람들을 괴롭히고 마약을 판 것을 회개했다.

그날 밤 몇 시간 동안 귀신에 들린 게 틀림없는 한 젊은 여성이 무대에 가까이 다가오려고 했다. 많은 학생들이 그녀를 위해 기도했지만 그 여성은 여전히 미친 듯이 행동했다. 학생들 가운데 한 명인 데일이 그녀를 위해 기도할 것을 요청했고 그녀에게 예수의 피가 뿌려지기를 간구했다. 그녀는 기도에 반응했고 완전히 평안과 안정을 찾았다. 마녀라고 알려진 그녀의 스승은 이 일을 방해하려고 나섰지만 팀의 한 지도자가 그녀에게 "어서 가시오!"라고 말했다. 그녀는 도망쳤고 다시는 나타나지 않았다.

무대 건너편에 있는 건물의 5층 창문에서 귀를 기울이고 있던 또 다른 여성은 무대에 있던 지도자들 중 한 명이 그녀를 가리키며 주님을 알기 원하는지 물어보자 예수가 필요하다고 부르짖었다.[3)]

나는 이 일이 그리스도 교회의 표준이 되어야 한다고 전적으로 확신한다. 우리는 가는 곳마다 삶이 변화되는 표시를 남겨야 한다. 그러나 에클레시아가 된다는 것이 무엇을 의미하는지 알지 못하기 때문에, 우리의 영적 무기와 그것들이 쓰이는 눈에 보이지 않는 영적 영역을 이해하지 못하기 때문에, 그리스도와 그분의 방식을 사람들에게 강요할 수 없다고 생각하기 때문에, 우리는 종종 우리의 세상을 털

끝만큼도 바꿀 수 없다고 단정지어 왔다. 단순히 하나님의 주권 안에서 일어나는 변화에 모든 소망을 두었을 뿐이다. 하나님이 원하시고 선택하실 때 그분의 뜻에 맞추어 특정한 문제나 상황이 달라질 것이라는 믿음을 가졌을 뿐이다.

나는 이러한 관점으로는 믿음의 온전한 결과를 충분히 볼 수 있다고 믿지 않는다. 하나님의 주권이 실제로 이렇게 쓰인다면 우리가 사는 곳과 문화, 그리고 삶들은 엉망진창이 될 것이다. 또 고통이 일어나고, 하나님이 아직 어떤 일을 하실 만큼 충분히 마음이 동하지 않으셨다는 이유로 사람들은 간단히 지옥에 가게 될 것이다. 나는 대부분의 불신자들이 많은 그리스도인들이 전하고 가르치는 하나님을 믿지 않는다고 해서 불신자들을 탓하지 않는다. 나라도 그리스도인들의 삶에 아무런 변화를 가져다주지 않는 그런 신은 따르고 싶지도 않을 것이다.

이 땅의 하나님 정부, 에클레시아

우리는 뒤에 가서 눈에 보이지 않는 영의 영역과 그 영역에 영향을 미치는 우리의 무기에 대해 이야기할 것이다. 그리스도가 주신 권위를 사용할 때 우리는 통치하는 참된 중보기도자가 되어 이 땅에 거하는 하나님의 정부가 될 수 있으며, 그럴 때 지옥의 세력이 우리를 저지할 수 없다는 점을 인식하면서 그 일을 시작해야 한다.

이 땅에서 하나님의 정부가 되는 우리의 역할을 표현하는 통치적인 단어 하나가 사도행전에서 사용되었다.

"다윗은 당시에 하나님의 뜻을 좇아 섬기다가 잠들어 그 조상들과 함께 묻혀 썩음을 당하였으되." 행 13:36

여기서 '뜻'이란 다름 아닌 협의, 법령, 목적 또는 의도를 의미하는 '의회' boule이다. 조디 에이츠는 이것이 또한 '평의회' the assembly of the council를 의미한다고 말한다.

"오늘날 그리스에서 국회는 보울boule이라고 불린다."[4]

그 정의를 이 구절에 대치해보자.

"다윗은 … 하나님의 의회를 좇아 섬기다가…."

다윗은 왕인 자신의 역할이 하나님의 정부를 드러내고 섬기는 것임을 알았다. 그래서 하나님의 권위를 수행했고 하나님 마음에 합한 사람이 될 수 있었다. 오늘날 통치 지도자들이 이것을 이해한다면 어떻게 될까?

그들 모두는 그들이 지닌 권위 안에서 하나님의 뜻과 목적을 나타내야 한다는 것을 깨달아야 한다. 장담컨대 언젠가 그들 한 명 한 명은 하나님 앞에 서서 그들의 모든 행동과 결정들에 답해야 할 것이다. 몰랐다는 것도 그저 '사람들의 뜻'을 따랐다는 것도 변명이 될 수 없다. 잘난 척하던 모든 오만들이 옛날부터 계신 분의 타오르는 눈동자 앞에서, 우주의 참된 재판관 앞에서 사라질 것이다. 하나님은 당신의 면전에서 누가 그들의 규칙을 휘두르며 하나님의 말씀과 방법들을 조롱했는지 알고 계신다. 그들의 값비싼 검은 옷과 '영예로운' 직위는 하나님께는 아무것도 아니다. 시편 2편은 근엄하고도 적절한 경고를 주고 있다. 그 중에서도 특히 다음 구절이 그러하다.

> 그런즉 군왕들아 너희는 지혜를 얻으며 세상의 관원들아 교훈을 받을지어다 여호와를 경외함으로 섬기고 떨며 즐거워할지어다 그 아들에게 입맞추라 그렇지 아니하면 진노하심으로 너희가 길에서 망하리니 그 진노가 급하심이라 여호와를 의지하는 자는 다 복이 있도다. 시 2:10~12

그러나 이 세상의 통치자들이 자연의 영역에서 하나님을 드러내는 동안 우리 에클레시아는 이 땅에서 하나님의 영적인 의회요 국회로 서야 한다. 우리는 하나님의 뜻이 무엇인지 확인하고, 그것이 기도와 그 밖의 영적인 무기를 통해 영적인 영역에서 영향을 일으키는 모습을 보아야 한다.

사도행전 13장 36절에는 또한 '섬기다' huperetes라는 단어가 나온다. 문자적으로 '아래에서 노를 젓다' 라는 뜻을 가진 이 말은 전함 아래에서 노를 젓는 이들을 가리킨다. 그들은 다함께 또는 일제히 노를 저음으로써 성공적으로 배를 나아가게 할 수 있었다. 교대로 노를 젓는 일은 거의 없었다. 다윗은 당시에 하나님의 리듬에 맞추어 노를 저어갈 수 있도록 '노 젓는 이들' 의 나라를 이끌었고, 자신 또한 그 중 한 사람이었음을 알았다. 그것은 모든 통치자들이 섬겨야 할 방법이고 그들이 그렇게 할 때 "나라로 영화롭게"잠 14:34 하는 의를 만들어내며 그들의 백성들을 "모든 경건과 단정한 중에 고요하고 평안한 생활"딤전 2:2로 이끌 수 있다.

예수님은 진실로 그분의 교회를 세워가고 계시지만 그것은 우리가 교회라고 생각하고 있는 모습-사교 모임, 일정 지역에 세운 건물 또는 학습 센터나 예배드리는 장소-이 아니다. 그것은 이 땅에서 하나님의 뜻을 분별하고 주장하는 통치 본부요 의회이다. 우리는 사회의 모든 영역, 즉 종교, 정치, 교육, 예술, 대중매체, 비즈니스, 가정 등에 하나님나라의 삶이라는 멈출 수 없

> "예수님은 진실로 그분의 교회를 세워가고 계신다. 그것은 이 땅에서 하나님의 뜻을 분별하고 주장하는 통치 본부요 의회이다."

는 공세를 가하며 함께 노를 저어가는 사람들이다. 참된 교회가 계속해서 일어날 때 이 땅에 지옥의 영향력은 감소해 가는 반면 천국은 그 영향력이 커진다.

목사이자 미국 전략기도네트워크 메인 주의 사무관인 리차드 브링크는 이런 종류의 권위를 설명하는 다음의 이야기를 들려준다.

1997년, 열 번째 십대 청소년이 빅 코브에서 막 자살했다는 보도가 캐나다 뉴브런스윅크에서 났다. 빅 코브는 미크맥 족의 제1보호지구이다. 그 후로 5년에 걸쳐 우리 교회는 그곳에서 다양한 봉사 활동과 기도 프로젝트를 펼쳤다. 우리는 그 자살들의 배후에 실업과 약물 남용 이외에도 무언가 더 사악한 것이 있음을 발견했다. 그 지방의 주술사가 많은 십대들을 한증막 같은 데로 데려가 '영들' 과 대화하는 법을 가르치고 있었던 것이다. 자살률은 그 후에 금세 늘어났다.

우리는 이 주술사에게 예수님에 대해 나누고, 또한 보호지구에 가서 이 상황에 맞서는 기도회를 가졌다.

지난해에 돌아왔을 때 우리는 1997년 이래로 보도된 자살이 없었다는 점과 정부가 그 주술사의 한증막에 더 이상 융자를 해주지 않는다는 사실을 알게 되었다. 하나님은 그분의 강력한 능력을 보여주셨고 멋진 미크맥 족을 사랑하신다.

하나님은 그분의 에클레시아, 곧 교회를 통해 그 일을 하셨다. 그것은 2천 년 전 그분의 계획이었고 오늘날에도 여전히 갖고 계신 계획이다!

내게 주신 권위의 말씀

예수님은 에클레시아를 짓는 것에 대해 언급하시며 그들에게 지옥의 통치문를 잠그고 천국의 통치를 열 열쇠를 주겠다고 말씀하셨다. 2000년에 하나님은 매우 개인적인 방법으로 실제 이 일을 내게 시작하셨다.

나는 내 인생의 영적인 아버지 샘 브래스필드로부터 어느 날 전화 한 통을 받았다. 샘은 기도 중에 주님이 그를 불러 다윗 집의 열쇠라는 구절을 강조하면서 내게 이사야서 22장 22절 말씀을 주라고 하시는 것을 느꼈다고 했다. 그는 "더치, 하나님은 자네에게 이 나라를 통치하는 권위의 열쇠를 주고 계시네"라고 말했다.

사역을 하러 워싱턴 D.C.에 간 지 얼마 되지 않아 나는 집회 후에 그곳의 중보기도자 친구에게 선물을 하나 받았다. 그녀는 임신 초기부터 하나님이 나를 위해 그 선물을 사라고 그녀에게 감화를 주셨다고 말했다. 언제 그것을 내게 줄지 알려주겠다는 지시와 함께 말이다. 그것은 아름다운 은 열쇠였다. 그녀는 "이것은 도시를 여는 열쇠예요!"라고 말했다. 나는 그것이 이사야 22장 22절에서 말한 열쇠를 상징한다는 것을 알았다.

이 일에 대해 전혀 모르는 또 다른 남자가 집회 후에 열쇠 세 개를 내게 가지고 와서 이렇게 말했다.

"당신에게 이 열쇠 세 개를 갖다주라는 느낌을 오늘 아침에 받았습니다."

그 남자 역시 그 열쇠들이 영적인 권위를 상징한다는 것을 알고 있었다. 다시 말해, 그들은 이사야 22장 22절을 마음에 그리고 있었다. 나는 문득 다음 말씀이 생각났다.

"내가 천국 열쇠를 네게 주리니 네가 땅에서 무엇이든지 매면 하늘에서도 매일 것이요 네가 땅에서 무엇이든지 풀면 하늘에서도 풀리리라."마 16:19

전에는 한 번도 경험하지 못한 일이 일어난 것이다. 내게 뭔가를 상징하는 열쇠들을 갖다준 사람은 그때까지 아무도 없었다.

일주일 후에 나는 척 피어스와 함께 샌디에이고에 있었다. 척은 하나님이 그로 하여금 내게 열쇠 하나를 주도록 이끄셨다고 말했다. 그는 뉴욕에 있을 때 사람들에게 그 열쇠를 받았다. 사람들은 그 열쇠가 미국의 부흥을 위한 기름 부음을 나타낸다고 말했다. 척은 "이 열쇠를 자네에게 주라고 주님이 내게 감명을 주셨네"라고 말했다.

두 주 동안 이런 식으로 나는 스물다섯 차례나 놀라운 확증을 받았다. 하나님이 내게 권위의 열쇠에 대해 말씀하시면서 그것을 이사야서 22장 22절에 연결시켜 주시는 증거들이었다. 하나님은 분명하게 말씀하고 계셨다.

"내가 네게 나라에 영향을 미칠 권위열쇠들를 주노라."

그동안 일어난 일련의 일들을 통해 나는 그 메시지가 교회 전체를 위한 것임을 깨달았다. 우리는 진실로 하나님으로부터 하늘영의 영역이 제정한 권위의 열쇠들을 받았다. 그것들은 사탄이나 여타 다른 사람들이 열 수 없는 문들을 열고, 악과 파멸이 들어갈 수 있는 문들을 닫는 열쇠들이다.[5)]

나는 기도할 때 여러 차례 이사야서 22장 22절을 사용하며 그것을 영감과 권위의 원천으로 삼았다. 그것은 내게 생명의 구절이 되었다.

"내가 또 다윗 집의 열쇠를 그의 어깨에 두리니 그가 열면 닫을 자가 없겠고 닫으면 열 자가 없으리라." 사 22:22

7장

왕의 기도

2003년 1월에 나는 기도 집회에 참여하기 위해 워싱턴 D.C.에 있었고 그 특별한 아침에 다른 팀원들과 함께 국무부를 둘러볼 계획이었다. 국무부의 건물 곳곳을 걸어다니며 국무부를 위해 기도하는 것이 실제 목적이었다. 그러나 잠에서 깨었을 때 나는 분명한 느낌을 받았다.

"국무부에 가지 말거라. 대신 백악관에 가거라."

그런 후 위에서 말한 지시가 이어졌다. 나는 이 문제를 놓고 몇 분간 기도했고 아내를 불러 확신을 구했다. 그녀

또한 주님이 이 새로운 임무를 주셨음을 느꼈고 나는 그 격려에 순종하기로 결심했다. 애당초 함께 가기로 한 사람들은 국무부로 향했고 나는 택시를 타고 백악관으로 향했다.

춥고 바람이 부는 날이었지만 나는 백악관 밖에서 기도하기로 했다. 코트를 잊고 오기에 좋은 날씨는 아니었다! 기도를 하면 할수록 더욱 추위가 몰려왔다. 하도 춥다보니 기도하는 자세마저 영향을 받았다. 게다가 주변에서 많은 사람들이 사진을 찍으며 몰려들고 있었다. 항의하는 한 집단이 구호를 외치며 반전 노래를 부르고 있었다.

주변의 경비는 삼엄했다. 백악관 담장 앞에서 취하는 나의 모든 행동들을 사람들이 뚫어져라 쳐다본다는 느낌이 들었다. 나는 몹시 긴장되었고 그러다보니 확실히 수상하게 보였던 것 같다. 내가 조용히 기도할 때, 틀림없이 첩보기관에서 이 이상한 남자-나-가 왔다갔다 하면서 분명히 혼자인데 누군가에게 말하는 모습을 지켜보았을 것이다. 확실히 그들은 내가 폭탄이 터지기를 기다리거나 무언가 다른 테러를 저지르기 위해 누군가와 이야기하느라 몸속 어딘가에 마이크나 무전기를 숨겨 두었다고 생각했을 것이다.

그렇게 약 30분간 기도한 것만으로도 추위와 절망을 느끼기에는 충분했다. 기름부음도, 평화로운 느낌이나 그 밖의 다른 확증도 없었다. 아무런 소득이 없었다. 완전히 풀이 죽어 돌아가려고 걸음을 뗐을 때 유모차를 모는 한 젊은 여성이 뒤에서 다가왔다. 하도 가까이 다가와 하마터면 그녀와 부딪힐 뻔했다. 그녀는 내 앞에 이르렀을 때 이렇게 말했다.

"실례합니다. 절 이상하다고 생각하지 않으시면 좋겠어요. 그런데 당신의 이름이 혹시 척 피어스 아니세요?"

실제로 척은 나의 가까운 친구이고 우리는 자주 함께 사역을 한다.

"제 이름은 더치 쉬츠입니다"라고 나는 말했다. 그리고 "척 피어스와는 몇 가지 사역을 함께하고 있죠. 저를 아세요?"라고 되물었다.

"아, 네. 맞아요. 더치 쉬츠! 당신은 저를 모르실 거예요. 저를 이상하게 생각하지 말아주세요"라고 그녀는 다시 말했다.

"몇 년 전에 당신이 강연하는 것을 들었어요. 그때 당신은 이사야서에 나오는 한 구절에 대해 말했죠. 2장 22절이던가, 22장 2절이던가…. 아무튼 그쯤 됐어요."

"22장 22절이었어요"라고 나는 말했다.

"예, 맞아요. 22장 22절. 문을 열고 닫는 열쇠들에 관한 구절이요. 오늘 아침에 주님은 저를 일찍 잠에서 깨우시며 그 구절과 당신의 메시지를 생각나게 해주시더니 저더러 백악관으로 가라며 '그곳에 가면 무슨 일을 해야 할지 알려주겠다' 고 말씀하셨어요. 전에 이런 일은 한 번도 없었죠."

그녀는 계속 말을 이어갔다.

"저는 여기에 기도하러 정기적으로 오지는 않아요. 하지만 오늘 아침에 받은 인상이 하도 강렬해서 아기를 유모차에 태우고 무슨 일이 일어나는지 보려고 왔어요. 꼭 이래야 하나 싶어 갈등도 했죠. 날씨도 추운 데다 아기가 감기에 걸릴 수도 있고요.-아기는 유모차 안에 꽁꽁 잘 싸여 있었다. 그 모습에서 그녀의 성품을 알 수 있고 그녀가 훌륭한 어머니라는 점을 확신하였다-저는 제가 정말 주님으로부터 말씀을 들었는지 의심했어요. 그런데 당신을 보고 나서 이런 생각이 들었죠.

'저분은 이사야서 말씀에 대해 설교했던 분이잖아?'

당신에게 다가가야 할지 하나님께 여쭤보고, 그래야 한다면 무슨 말을 할지 생각하면서 30분 동안 당신을 지켜보았어요. 당신에게 말을 건네야 할지 말지 묻기 위해 남편에게 전화까지 했죠. 남편은 제가 말을 건네야 한다고 하더군요. 그래서 이렇게 온 거예요.

당신도 이미 알고 있겠고, 이런 말을 하자니 기분이 참 이상하지만, 주님은 당신이 이사야서의 구절을 기억하길 원하시고 '네가 진실로 성령 안에서 문들을 여닫는 열쇠들을 가지고 있다' 라고 말씀하길 원하세요."

나는 정신을 차릴 수가 없었다. 정말로 당황스러웠다. 마음을 다잡은 후에 나는 대답했다.

"부인, 저는 아까 30분 동안 그 구절을 사용해 기도하면서 몇 가지 일들을 선포하고 있었습니다. 완전한 불신 가운데서 말이죠. 당신은 주님께 받은 일을 이행하신 겁니다. 이제 아기를 데리고 따듯한 집으로 돌아가세요. 이번엔 믿음 안에서 제가 맡은 일을 처음부터 다시 시작해 완수하겠습니다."

나는 아기 엄마에게 말한 대로 했다. 그런 후에 택시를 불러 호텔로 향했다. 돌아오는 길에 이제까지 주님으로부터 받아본 것 중에 가장 센 볼기짝을 맞았다. 주님은 나를 이렇게 나무라셨다.

"다시는 엄마와 아기를 침대에서 불러내어 네게 '믿음과 순종에 관한 기초' 를 가르치게 하기 위해 그 추운 곳에 가게 하지 말거라. 특히 내가 이미 네게 그 상황과 관련해 그토록 많은 확증을 준 후에는 말이다."

제사장의 기도와 왕의 기도

교회를 위해 영적인 열쇠를 사용하는 이 권위, 즉 영적인 문들을 여닫는 권위는 내가 때때로 왕의 기도라고 부르는 기도가 지닌 한 면이다.

2002년 10월, 나는 주로 사법 제도와 관련해 우리나라를 위해 기도하고 있었다. 그때 성령님이 분명하게 "기도 운동이 제사장의 기도에서 온전히 왕의 기도로 바뀔 때 너희 정부 또한 온전히 바뀔 것"이라고 말씀하시는 것을 들었다.

성경에는 왕과 제사장으로서 기도한 인물 멜기세덱이 나온다. 멜기세덱은 창세기 14장에 처음 언급되고 시편 110편과 신약성경 히브리서에 다시 나온다. 몇몇 신학자들은 그가 예수님이 구약 시대에 나타난 모습이라고 생각하고, 다른 이들은 그가 단지 상징적으로 그리스도를 묘사할 뿐이라고 말한다. 실제로 우리는 후자 쪽이라고 확신하는데, 예수님은 "멜기세덱의 반차를 좇아"시 110:4, 히 5:6~10 된 대제사장이라고 불렸다.

멜기세덱에 관해 한 가지 주목할 만한 사실은 그가 왕인 동시에 제사장이라는 점이다. 이것은 우리의 왕이요 대제사장이신 예수님을 그에게 빗대는 이유 가운데 하나이다.

“우리의 대제사장이신 예수님은 하나님께 우리를 대표한다. 왕이신 그리스도는 하늘로부터 이 땅에 이르기까지 하나님의 법과 권위를 드러내며 베푸신다.”

스가랴서 6장 13절은 “그가 여호와의 전을 건축하고 영광도 얻고 그 위에 앉아서 다스릴 것이요 또 제사장이 자기 위에 있으리니 이 두 사이에 평화의 의논이 있으리라 하셨다”라고 말하면서 이 점에 대해 언급한다.

이 두 기능의 차이점을 이해하는 것은 중요한 일이다. 우리의 대제사장이신 예수님은 하나님께 우리를 대표한다. 예를 들어, 우리는 그분을 통해 죄 사함을 얻는다. 그분을 통해 하늘 아버지께 다가갈 수 있다. 그분이 우리를 위해 보장해주신 모든 유익들을 받게 되는 하늘에서, 그분은 우리의 보증인이 되신다. 예수님은 직접 인간이 되셨기에 우리 인간의 약함과 유혹들을 겪으셨고 그것들에 공감하실 수 있다.

다른 한편, 왕이신 그리스도는 하늘로부터 이 땅에 이르기까지 하나님의 법과 권위를 드러내며 베푸신다. 시편 2편에서 하나님 아버지는 “내가 나의 왕을 내 거룩한 산 시온에 세웠다”6절고 말씀하신 다음, 그리스도의 엄청난 능력과 권위에 대해 계속해서 설명하신다. 예수님은 교회뿐만 아니라 온 땅을 다스리는 왕이시다. 이 역할의 차이점에 대해 요약하자면 다음과 같다.

- 왕으로서 예수님은 하나님의 법과 뜻을 나타내신다. 제사장으로서 그분은 사람들의 필요와 갈망을 나타내신다.
- 예수님이 하신 왕의 역할은 하늘로부터 땅을 향한 것이고, 제사장의 역할은 땅에서 하늘을 향한 것이다.
- 예수님의 왕으로서 행하심은 하나님(신성) 중심이고, 제사장으로서 행하심은 사람(인성) 중심이다.
- 예수님이 왕의 역할을 하시려면 권위와 능력이 필요하고, 제사장의 역할을 하시려면 사랑과 자비, 은혜가 필요하다.
- 왕들은 권위를 상징하는 홀을 가지고 있고, 제사장들은 예배를 상징하는 향로를 사용한다. 전자는 권력을 베풀고, 후자는 향기를 피워 올린다.

우리는 그리스도의 이런 기능들을 이해해야 하는 한편, 그분이 이 땅에서 그분의 몸인 우리를 통해 그런 일들을 하신다는 점 또한 알아야 한다. 우리는 그분의 음성이고 그분의 손이며 그분의 발이다. 우리는 그리스도의 교회이고 그분의 입법부이다. 이는 우리가 그분의 사명에 협력하는 사람들이며, 그분의 기름부음을 함께하는 자의 입장에 있다는 것이다. 그분의 성품이 우리를 통해 드러나고 그분이 하시는 일이 우리를 통해 이루어진다. 복잡할 게 전혀 없다. 우리는 동역자요, 한 팀이요, 하나인 것이다. 물론 동등한 동역자는 아니다. 머리 되신 그분이 책임을 지고, 몸인 우리는 머리의 뜻을 만족시킨다.

마음속에 이러한 동역자 됨과 그리스도를 드러내는 관계를 계속 유지함으로써 우리는 그리스도의 왕이자 대제사장 역할의 연장선이 되어온 멜기세덱의 반차를 따른 새 시대를 이해할 수 있다. 우리는 또한 제사장들이라고 불리는데, 위와 같은 식으로 생각할 때, 하늘을 향해 사람들의 필요를 드러내는 그리스도의 제사장 역할 안에서 그분의 연장선이 되는 것이다. 그리스도가 이 땅에 계실 때에 "간구와 소원을 올렸[던]"히 5:7 것과 똑같이 우리 또한 제사장들로서 "신령한 제사를 [올려]드린다."벧전 2:5 미리암의 다음 간증은 땅에서 하늘로 올려드리는 기도의 능력을 보여준다.

미리암의 아들 제레미는 십대 청소년으로, 세차장에서 일하고 있다. 수요일 밤에 미리암은 교회에서 기도 모임을 마치고 차를 타고 집으로 가는 중에도 아들을 위해 뜨겁게 기도하고 있었다.

그녀는 기도에 너무나 몰두한 나머지 세차장 앞을 지나가며 아들이 거기에 있었는지도 자세히 보지 못했다.

잠시 후 제레미가 숨을 헉헉거리며 집으로 뛰어들어왔다. 그리고 미리암 가까이에 와서 말했다.

"엄마, 세차장에 있을 때 엄마가 지나가는 걸 봤어요."

"미안하구나, 제레미. 차를 세웠어야 했는데."

"아니오. 그때 무슨 일이 있었는지 얘기하려고요. 엄마가 세차장 앞을 지나가는 바로 그때 한 남자가 제 머리에 총을 겨누고 있었어요. 그는 강도였어요. 그가 금고 열쇠와 돈을 내놓으라고 저를 협박하던 그때 저는 마침 엄마 차가 세차장 앞을 지나가는 걸 봤어요.

그런 후 다시 강도 쪽을 봤을 때 그가 이상하게 저를 쳐다보고 있었어요. 아니, 실제로는 저를 보고 있는 게 아니었어요. 제 근처를 보고 있는 것 같았어요. 마치 제 어깨 너머에 있는 무언가나 누군가를 보고 있는 것 같았어요. 그러더니 갑자기 몸을 획 돌려 도망갔어요."

"제레미야, 바로 그때 이 엄마는 널 위해 기도하고 있었단다."

미리암이 말하자 제레미는 확신을 가지고 이렇게 말했다.

"그 말을 믿어요. 엄마를 믿는다고요." [1)]

참 절묘한 시간에 이루어진 제사장의 기도가 아닐 수 없다. 제레미의 어머니가 바로 그 위험한 순간에 아들을 위해 기도하지 않았다면 무슨 일이 일어났을지 누가 알겠는가?

우리가 선포할 것들

대부분의 그리스도인들은 우리가 땅에서 하늘로 예배와 기도를 보내드린다는 사실을 인식하고 있다. 그것을 제사장의 활동으로 생각하든 안 하든 말이다. 그러면서도 우리 대부분은 왕으로서 그리스도를 드러내는 우리의 기름부음과 관련해 하나님이 갖고 계신 계획은 완전히 놓치고 있다. 우리는 "왕 같은 제사장"벧전 2:9들이다.

상징적으로 우리는 그리스도와 함께 그분의 보좌에 앉게 되고엡 1:20, 2:6, 생명 안에서 왕 노릇을 하게 된다.롬 5:17 이는 그리스도의 왕권이 우리에게 확대되는 것이고시 110:2, 우리가 무엇이든 매고 푸는, 곧 금하고 허락하는 천국 열쇠를 받게 된다는 것이다.마 16:19 우리는 왕이요 여왕이다. 왕족인 것이다. 제사장들이 하늘에 '올려 드리는' 일을 한다면, 왕들은 이 땅을 향하여 '선포하는' 일을 한다. 그리스도가 축복을 선포하고, 귀신들을 쫓아내며, 아픈 자를 고치고, 죽은 자를 일으켜 세우면서까지 하늘 아버지의 뜻을 선포하셨던 것처럼 우리는 왕 같은 제사장으로서 하나님의 "아름다운 덕을 선전하[라는]"벧전 2:9 말씀을 듣는다.

우리는 무엇을 선포해야 하는가? '아름다운 덕'은 헬라어로 '아레테'arete라고 하며, 그것은 '남자다움, 용기, 탁월

함' 이라는 뜻을 가지고 있기도 하다. 한 어휘 사전은 그것을 가리켜 "영광스러운 복음의 전파에 동행하는 성령의 힘 또는 에너지라고 할 수 있는 덕"[2)]이라고 부른다. 왕이신 예수님을 대표하는 자들인 우리는 하나님의 '탁월함' 을 선포하라는 부르심을 받았다. 우리는 그리스도의 복음을 선포할 때 '성령의 힘이나 에너지' 를 발휘하는 특권을 누린다.

나는 백악관 앞에서 취한 나의 행동들을 설명하면서 '선포하다' 라는 말을 의도적으로 사용했다. 나는 무슨 일을 해야 할지 하나님께 그리 많이 묻지 않았고 다만 그분을 위해 그분의 뜻을 선포했다. '선포하는 것' 은 우리가 왕으로서 중보기도를 하는 방법 가운데 하나이다.

기도가 지닌 제사장적인 면과 왕적인 면 모두 이른바 '주님의 기도' 마 6:9~13를 통해 볼 수 있다.

- 주님의 기도는 분명히 찬양과 제사장의 중보기도로 시작한다. "하늘에 계신 우리 아버지여 이름이 거룩히 여김을 받으시오며."
- 그런 다음 왕으로서 명령하는 중보기도로 넘어간다. "나라이 임하옵시며 뜻이 하늘에서 이룬 것같이 땅에서도 이루어지이다." '임하다' 와 '이루어지다' 라는 동사는 둘 다 헬라어에서 단호한 명령어 형태를 띤다. 다시 말해, 우리는 하나님나라의 법과 뜻을 구해야 할 뿐 아

니라 하나님을 위해 상황에 맞게 그것들을 선포해야 한다. 왕으로서 이 땅에 하늘을 불러들이는 통치적인 중보기도를 해야 한다.

- 그런 다음 기도는 제사장이 드리는 탄원으로 돌아간다. 양식과 용서, 유혹으로부터의 자유를 구하는 것이다.

이러한 유형은 몇몇 시편에서도 찾아볼 수 있다. 시편 24편이 대표적인 예이다. 제사장이 쓰는 언어로 시작하느라 시편 기자는 찬양으로 운을 뗀 다음 깨끗한 손과 청결한 마음으로 하나님의 산에 오르는 것과 그분의 얼굴을 구하는 것 1~6절, 제사장이 취하는 모든 행동들 에 대해 말한다. 그러나 7절에 가서 내용이 바뀌는 것에 주목하라.

“문들아 너희 머리를 들지어다 영원한 문들아 들릴지어다 영광의 왕이 들어가시리로다.”

제사장의 행동에서 왕의 행동으로 바뀔 때 그 방향 역시 위로 향하던 것이 아래로 변화한다. 선포와 명령이 찬양과 영적인 친교를 대신한다. 시편 기자는 “영광의 왕이 들어[갈 수 있도록]” 문들더러 들리라고 명령한다. “강하고 능한 여호와시요 전쟁에 능한 여호와”8절를 나타내고 있는 것이다. 그렇게 그는 겸손한 찬양에서 담대한 선포로 넘어간다.

왕으로서 드리는 기도

'모든 집에 그리스도를' Every Home for Christ의 총재 딕 이스트먼은 제사장의 기도가 왕의 기도로 바뀌는 것을 잘 보여준 사례에 대해 말한다. 그와 다른 사람들은 기관이 콜로라도 스프링스로 이사를 갈 수 있도록 캘리포니아의 본부 건물이 팔리게 해달라고 기도하고 있었다. 딕이 하는 말을 들어보자.

그 일이 일어나고 나서 저는 즉시 시계를 보았습니다. 9시 55분이었습니다. 하나님의 개입을 구하며 중보기도를 하던 사람의 어조가 완전히 달라졌습니다.

그는 기도하면서 하나님이 확실히 잘 알고 계시는 특정한 요소들을 열거하고 있었죠. 이를테면 시의 경제 상황이 나빠진 것에 대해서, 로스앤젤레스 지역에서 매매되고 있는 건물이 얼마나 적은지 설명하는 지역 신문의 최근 기사들에 대해서, 우리가 있는 작은 거리에서만도 매물로 내놓은 건물들이 줄을 선 사실에 대해서, 그 건물들 중에는 우리 건물보다 더 나은 조건에 더 싸게 나온 것이 있을지 모른다는 점에 대해서 말이죠. 믿음을 세우는 기도였습니다.

그런데 그러던 기도가 바뀌었습니다. 기도하던 사람이 담대하게 영적인 도약을 한 것처럼 보였습니다. 이런 단순한 말로 기도를 시작하더군요.

"하나님, 어떤 환경에서든 당신은 이 건물을 살 적임자를 예비하셨습니다."

그 다음 기도는 이렇게 이어졌습니다.

"실제로 저는 당신이 지금이라도 그 사람을 알고 계신다고 믿습니다. 하나님은 그의 이름을 알고 계십니다. 그가 어디에 있는지, 지금 이 순간 무엇을 하고 있는지도 보실 수 있습니다."

그런 다음 기도는 인간의 능력을 초월하여 예언하는 기도의 영역으로 넘어가기 시작했습니다. 중보기도자는 갑자기 건물을 살 사람에게 직접 말을 했습니다.

"바로 지금 하나님은 사업을 하기에 적합한 건물을 찾으며 이곳 사무실 근처에 있는 거리를 운전해가고 있는 당신을 보고 계신다고 저는 믿습니다."

더 놀라운 명령이 뒤를 이었죠.

"지금 이곳에 나타날 것을 당신에게 명합니다. 내일이 아니고, 다음 주가 아니고, 다음 달이 아닌 오늘 말입니다."

놀랍게도 오전 10시가 조금 지나서 현관문으로 나이 지긋한 남자가 젊은 부부와 함께 들어섰습니다. 그들이 건물을 사겠다고 나선 유일한 사람들이었죠. 매매는 여름에 콜로라도 스프링스로 이사 가기로 한 날짜에 맞춰 정확하게 마무리되었습니다. 이것은 모두 예언의 기도로 시작된 일이랍니다.[3)]

딕이 말한 '예언의 기도'는 또한 왕으로서 드리는 기도이기도 하다. 그것은 하나님의 왕 같은 제사장이 그리스도의 권위를 통해 삶 속에서 왕 노릇 하는 것이다. 각 사람들과 장소들 또는 상황들을 위해 기도할 때 성령님은 때때로 당신을 이런 유형의 기도로 인도하실 것이다. 성령님이 역사하실 때 담대하게 믿음으로 응답하라. 내가 백악관 앞에서 그랬던 것처럼 머뭇거리지 말라. 당신은 왕의 권위를 가지고 있다.

"왕의 기도란
하나님의 왕 같은 제사장이
그리스도의 권위를 통해
삶 속에서
왕 노릇 하는 것이다."

8장

말씀의 검으로 다스리라

왕의 기도는 선포를 통해 공개된다. 선포함으로써 우리는 이 땅에 하나님의 뜻을 '법령화한다.' 이 땅의 왕도 많은 경우 동일한 방식으로 자신의 뜻을 법령화한다. 척은 '선포'에 대해 다음과 같은 말을 했다.

하나님은 그분의 뜻을 하늘에서 이 땅에 가져오는 데 필요한 연결 수단으로 우리를 선택하셨다. 하나님은 우리가 그분과 친밀한 교제를 나누고, 그분의 음성에 주의 깊게 귀 기울이고, 예언의 은사를 받으며, 이 땅에 그것을 선포하길 원하신다. 그럴 때 기적이 일어나고 그분의 축복이 내릴 것이다. 일단 하나님의 음성을 들으면 우리는 중보기도를 할 수 있고 예언도 할 수 있다. 예언이란 하나님의 생각과 마음을 선포하는 것이다. 우리가 입을 열 때 하나님은 이 땅에 그분이 뜻하신 바를 이루어가신다. 우리는 항상 하나님의 약속에 기꺼이 "예, 아멘"이라고 말해야 한다. 예언의 은사를 받았다면 선포해야 한다. 우리는 각 주를 다니며 집회를 열 때 그와 같은 방식으로 일했다.[1]

예언 활동에는 두 가지 유형이 있는데, 여기서 척은 두 가지 모두에 대해 언급하고 있다. 예언은 앞일을 미리 말하는 것, 즉 장래를 내다보는 것 이상의 일이다. 예언은 또한 밖으로 드러내어 말하는 것이기도 하다. 현재와 미래를 향한 하나님의 뜻과 계획들을 드러내어 말하는 것이다. 게다가 하나님의 계획과 뜻을 알려면 분별하는 능력이 필요하기 때문에 예언은 성경적으로 선지자가 하는 일로 분류된다. 세례 요한은 선지자로 불렸지만 우리가 아는 한 그는 미래의 일을 미리 말하거나 예견한 적이 없다. 하지만 그는 때를 분별하고 하나님이 현

> "예언은 앞일을 미리 말하는 것, 즉 장래를 내다보는 것 이상의 일이다. 또한 현재와 미래를 향한 하나님의 뜻과 계획들을 드러내어 말하는 것이다."

재에 대해 말씀하고 계신 것을 드러내어 말했다. 따라서 선지자가 드러내어 말하는 것을 '예언의 중보기도'라고 부르기도 한다.

말의 능력

척과 내가 2003년과 2004년에 걸쳐 미국의 50개 모든 주를 순방하며 중보기도자와 그 밖의 교회 지도자들을 만난 목적은 다음과 같다.

- 하나님의 사람들을 모아 합의를 도출하고 그로 인한 시너지 효과를 올리기 위해
- 주어진 지역에서 사탄의 거점들과 그것들을 야기한 요소들을 분별하기 위해
- 사탄의 거점을 깨뜨리고, 교회가 어떻게 부흥을 향해 전진할 수 있는지 주님의 전략을 분별하기 위해
- 힘을 합한 회개와 기도를 통해 제사장으로서 중보기도를 하기 위해
- 선지자적 선포를 통해 왕으로서 통치적인 중보기도를 하기 위해

우리는 어느 주에서도 결코 똑같은 예언이나 선언 또는

전략들에 대해 말하지 않았다.[2] 텍사스 집회에서 하나님은 내게 우리나라에 주신 소명을 일깨워 주셨다.

텍사스 집회에서 우리가 함께 모여 기도했을 때 어떠한 일이 일어난 것일까? 한 나라를 향한 하나님의 총체적인 목적 가운데 하나를 분별하는 일이 일어났다. 이것은 그 순간에 하나님의 특정한 열망과 관련된 말씀을 전하는 길을 준비했다. 그 말씀으로 나는 즉시 성령님의 가르침을 구하게 되었다. 이러한 일로 인해 우리는 일종의 통치적인 중보기도인 예언적인 선포를 하게 되었다. 그것은 곧 하늘에서 제정된 것이었다. 이 모든 일들이 다함께 작용하여 이 땅에서 그리스도의 입법부인 에클레시아가 하나님을 위해 통치하는 가운데 만들어내는 왕의 중보기도가 되었다. 그것은 예수님이 우리에게 행하라고 지시하신 바로 그것, 곧 천국의 능력을 펼치는 천국의 권위였다.

"나라이 임하옵시며 뜻이…이루어지이다."

우리와 일단의 기도자들은 이렇게 선지자이자 왕으로서 중보기도를 하면서 모든 주를 다녔다. 당신은 당신이 머무는 곳마다 이런 일을 할 필요가 있다! 당신은 이런 종류의 중보기도를 할 수 있으며 해야 한다. 넓게는 이 세상을 위해서뿐만 아니라 당신의 사적이고 친밀한 세상을 위해서 말이다. 각 개인들과 당신의 가족, 사업, 교회, 그리고 도시를 위해 그 일을 하라. 사탄의 가슴팍 위에 올라앉으라!

법령decree, 선언declaration, 선포proclamation란 각각 무엇일까? 척은 말한다.

법령은 공식적인 지시, 칙령 또는 결정을 말한다. 선언은 미리 정해진 것처럼 보이는 어떤 것을 예언함으로써 법령을 만드는 것이다. 법령은 또한 지시와 결정 또는 어떤 일을 수행하기 위해 공식적으로 한 집단이나 사람을 지명하는 것을 의미한다. 어떤 사물이나 사람을 구별하거나 규정하는 것과 관련이 있는 것이다. 선언은 일종의 발표이고 공식적인 언급이다. 이러한 언급은 때때로 원고가 첫 진술을 할 때 쓰는 말로, 법정 행위로 귀결된다. 선포는 실제로 상황을 보다 더 공식적인 영역으로 이끈다. 선포는 금지령을 내리거나 법적인 무효화 또는 제한하는 효과를 낼 수 있다. 이것은 구속하고 풀어주는 과정과 연관이 있다.[3)]

일반적으로 말에는 놀라운 힘이 있다. 야고보는 야고보서 3장에서 말들로 우리가 축복과 저주를 받는다는 사실을 적어놓았다. 그는 계속해서 '말의 힘'을, 많은 나무를 태우는 불과 생명의 샘과 불의의 세계, 그리고 죽이는 독에 비유한다. 말의 힘에 관한 강력한 말씀들이 아닐 수 없다!

하나님의 말씀은 능치 못함이 없다

지혜자의 말씀은 찌르는 채찍 같고 회중의 스승의 말씀은 잘 박힌 못 같다.전 12:11 못은 무언가를 세우고 건설하고 조립하고 한데 모으는 데 쓰인다. 말이 하는 일도 그러하다. 세상의 창조주는 이 땅과 바다, 산, 그리고 그 밖에 모든 놀라운 생명체를 이루는 요소들과 그 국면들을 만드는 데 말씀을 사용하셨다. 하나님은 그분의 말씀과 선언으로 그 모든 것을 한데 모아두신다.히 1:3

"옳은 말은 어찌 그리 유력한지."욥 6:25

이 구절에는 '유력한' 이라는 말이 나온다. 이 말의 히브리어 '모라트' morat는 '내리누르는' 이란 뜻이다. 성경에서 이 단어가 사용된 예 가운데 하나는, 왕이 법령이나 법적인 문서에 옥새 반지로 권위의 인을 찍는 것을 묘사한다. 정식으로 그 문서를 그 나라의 법으로 구속하는 것이다. 말은 거래와 법령을 보증한다. 그 말들은 죽고 사는 문제에 영향을 미칠 정도로 강력하다.잠 18:20~21 신약성경은 우리가 말로 의롭다 함을 받고 말로 정죄 받는다고 말한다.마 12:37

- 전쟁은 말로 시작된다.
- 사랑은 말을 통해 오고 간다.

• 가르침과 교육은 말로 공유된다.
• 기만과 혼란은 말로 전파된다.
• 천국은 말씀으로 세워진다.
• 사람들은 말로 통제를 받는다.
• 생명체들은 말로 산산이 깨지기도 하며 치유되기도 한다.
• 말씀으로 세상이 창조되었다. 이 땅이 그러했고 우리의 개인적인 세상도 그러하다.

마지막 항목이 참 묵직하게 다가오지 않는가? 말은 어쩌면 세상에 권위와 권세를 끌어들이는 가장 강력한 도관일지도 모른다. 하나님은 "…가 있으라"는 말씀으로 세상과 그 안의 모든 것을 창조하셨다.

성경은 하나님이 인간이 되신 성육신조차 하나님의 말씀과 성령님의 결합으로 일어났다고 말한다. 마리아가 처녀인 자신이 어떻게 아이를 가질 수 있느냐고 묻자 천사는, 성령님의 능력이 그녀를 덮으면 예수님을 잉태하게 될 것이라고 알려주었다.눅 1:35 그런 다음 "하나님께는 불가능한 일이 없다"눅 1:37고 말했다.

이 번역은 천사가 실제로 말한 어감을 제대로 표현하지 못하고 있다. 원문에 가장 충실하고 문자적으로 가장 정확한 번역은 "하나님의 모든 말씀은 능치 못하심이 없느니라"이다. 참으로 대단한 주장이고 우리를 위한 결론적인 말씀이다. 우리의 전능하신 하나님은 그분의 말씀 안에 탁월한 능력을 불어넣으신다. 그 말씀들은 하나님의 놀라운 힘을 전달하는 매개체가 된다.

성경에서 하나님은 무수한 법령 또는 선언을 주신다. 조디 에이츠는 "십계명은 실제로 열 개의 선언"[4]이라고 말한다. 그것들은 열 개의 제안들이 아니다. 하나님이 명령 또는 선언하신 것은 이 땅의 율법이 된다. 이것을 하나라도 어기는 것은 하나님의 권위에 대항하는 반역이고 특정한 심판을 초래한다.

하나님은 또한 자신의 말씀을 가리켜 다스리고 심판할 때 쓰는 검이라고 하셨다. 하나님의 선언은 창조하고 건설할 뿐만 아니라 심판하고 파괴하기도 한다. 그 선언들은 건설적인 동시에 파괴적이다. 다음 말씀에 대해 생각해보라.

"그 입에서 좌우에 날선 검이 나오고 그 얼굴은 해가 힘있게 비취는 것 같더라." 계 1:16

하나님은 "그러므로 회개하라 그리하지 아니하면 내가 네게 속히 임하여 내 입의 검으로 그들과 싸울 것이다." 계 2:6, 19:15, 21 라고 말씀하신다.

하나님의 법령들 가운데에는 현재에 뭔가를 창조하거나 수행하는 것들이 있는가 하면 장래에 대한 선언들도 있다. 다음 구절에서 하나님은 자신에 대해 말씀하신다.

> 나는 하나님이라 나 외에 다른 이가 없느니라 나는 하나님이라 나 같은 이가 없느니라 내가 종말을 처음부터 고하며 아직 이루지 아니한 일을 옛적부터 보이고 이르기를 나의 모략이 설 것이니 내가 나의 모든 기뻐하는 것을 이루리라 하였노라. 사 46:9~10

이 얼마나 놀라우신 하나님인가! 하나님은 시간의 구애를 받지 않으시고 앞을 내다보시며, 장래를 선언하시고 결국에는 시간조차 그분의 법령을 따른다. 하나님을 속이거나 이길 수 있다는 것은 어처구니없는 얼간이들이나 하는 생각이다!

> "우리는 하나님을 위해 그분의 법령을 선포하는 가운데 이 땅에 울리는 하나님의 음성이 된다. 우리는 하나님의 뜻과 법령을 분별하고 그것을 선포한다."

우리는 하나님을 위해 그분의 법령을 선포하는 가운데 이 땅에 울리는 하나님의 음성이 된다.

"네가 무엇을 경영하면 이루어질 것이요 네 길에 빛이 비취리라." 욥 22:28

이 구절을 좀더 문자적으로 풀면 "네가

정해진 법령을 선포하면"이 된다. 우리는 하나님의 뜻과 법령-주어진 상황에 대해 그분이 결정하신 것-을 분별하고 그것을 선포한다.

그런 다음 이 구절은 우리가 법령을 선포할 때 그것이 "이루어질 것이요"라고 말한다. 이 부분에 히브리어 '쿰' quwm이 쓰였는데 '일어나다' 라는 뜻이다. 하나님의 말씀은 하나의 씨라고 부르기도 한다. 벧전 1:23 우리가 그 씨를 특정한 상황에 심는다는 것은 하나님이 그분의 뜻을 피우고자 하시는 곳에 두루 씨앗들을 뿌린다는 것이다. '쿰' 은 또한 하나님의 '창조적이고 구원하시고 심판하시는 행위' 를 포함한 다양한 활동들이 일어나는 것을 묘사한다.[5] 주님의 말씀을 우리가 선포하는 것은 그분의 창조성, 그분의 구원, 그리고 그분의 심판을 드러내는 일이다!

말씀으로 고취된 하나님의 능력은 특별하다. 하나님은 말씀으로 통치하신다. 그러므로 우리도 그래야 한다. 실제로 말씀의 힘을 배우지 않는 한, 우리는 세상을 참으로 다스릴 수 없다. 이러한 영적 권위를 이해하고 기도할 줄 아는 지도자들과 중보기도자들이 있음을 하나님께 감사하라!

당신 또한 이 땅에서 하나님의 정부를 이루는 한 부분이다. 하나님은 당신을 통해 하나님의 뜻과 목적들을 선포하기를 갈망하신다. 당신에게는 그분의 교회, 즉 에클레시아의 일원으로서 그분의 뜻을 주장하고 사탄의 계략을 막을 권위가 있다.

회복 운동

우리는 하나님이 어떤 상황들에 대한 그분의 뜻을 선포하기 위해 교회를 사용하실 때 놀라운 권위와 능력이 발휘되는 것을 보았다. 그 능력은 하나님의 백성들에게는 구원을, 적들에게는 심판을 안겨준다. 다음은 이 사실을 증명하는 놀라운 예들 가운데 하나이다. 하나님은 수 스탠딩 로크 원주민 보호지구에서 자살의 영을 몰아내기 위해 미국 원주민의 영적 지도자인 제이 스왈로우와 중보기도 팀을 사용하셨다. 제이의 허락을 받아 여기에 그의 이야기를 옮겨 놓는다.

수 스탠딩 로크 원주민 보호지구의 회복 운동에 개인적으로 참여하는 것이 보다 평범한 삶의 방식이 되기 전부터, 나는 그 부족의 대다수 어린 세대들이 기록하는 자살률 추이를 지켜보고 있었다. 지난 3개월만 해도 여섯 건의 자살과 서른한 건 이상의 자살 시도가 있었다. 나는 1968년 이후로 오랜 세월을 원주민 보호지구에 머무르면서 그 자치구의 모든 영역에서 일어난 수많은 형태의 부흥들을 보아왔다. 그러면서 이런 어려움에 처한 인디언 자치구에 대책을 세우려는 노력을 해왔다.

지금의 보호지구 현실을 볼 때 가난은 여전히 소망을 무너뜨리는 원인이 되고 있다. 특히 젊은 세대들 사이에서 그러하다. 알다시피 이런 문제는 알코올 중독과 마약 복용, 아동학대, 그 밖에 수많은 다른 문제들로 이어진다. 한술 더 떠 궁극적인 해결책으로 '자살' 이 대두된다.

보호지구의 분위기는 완전히 공황 상태였다. 집집마다 우리 집 자녀가 다음 차례일지 몰라 두려워했고 인디언 정부도 어찌할 바를 몰랐다. 모두 합쳐 150만 달러에 이르는 연방정부 프로그램들이 대책으로 시행되었다. 각종 사회 프로그램, 예방 프로그램, 건강 프로그램, 사법 프로그램, 복지 프로그램, 청소년 프로그램이 보호지구에 사회적 질서를 가져오기 위해 주로 실행되었다. 그러나 자살률은 걷잡을 수 없이 치솟았다.

2001년 10월에 나는 목사이자 선교사인 안트완 아메리칸 호스 2세의 연락을 받았다. 그의 표현을 빌리자면 '완전히 통제 불능' 인 자살 현황에 대해 설명하는 그의 목소리는 절박하고도 지친 듯이 들렸다.

나는 그곳의 부족 라디오 방송국을 사용하는 일에 착수하기 전에 두 주간의 여유를 허락받은 후, 모든 믿음의 지도자들과 단체들에게 자살의 영이 저지르는 폭정을 종식시키는 컨퍼런스에 참여해달라고 말했다. 우리는 일주일 동안 하루에 한 시간씩 모여 2001년 12월 27~29일에 열리는 컨퍼런스에 참여할 사람들의 주의를 어떻게 하면 모을 수 있는지 강구했다. 우리는 그것을 '자살에 관한 정상회의' 라고 불렀다.

10월과 11월 사이에 나는 이 사역을 위해 집중적으로 영적인 준비를 하기 시작했다. 말할 필요도 없이 때때로 그것은 전쟁이나 다름없었다. 나를 포함해 다섯 명으로 이루어진 팀은 회합을 가진 후에 오클라호마 연합기도 팀에게 기름부음과 기도를 받으며 이 사역을 위해 구별된 사람들로 나섰다. 우리는 12월 26일 아침 일찍 오클라호마를 떠났다. 27일 세 시가 거의 다 되어 사우스 다코다에 있는 보호지구 남쪽 끝단에 도착했다.

우리는 보호지구 전역에 거주하는 실력자의 주목을 충분히 끌 때까지 그곳에 머물렀다. 뿔나팔로 상당히 명망 있는 권위자 래리 브라운이 과거 역사의 고대 악기로 승리의 나팔을 불었다.

이 대목에서 하고 싶은 말은, 제이는 타고난 성품이 겸손한 사람이라는 것이다. 그가 행사하는 영적인 권위는 참으로 놀랍다. 그에게 이 이야기를 들었을 때 나는 머리가 쭈뼛 서고 온몸에 소름이 돋는 것 같았다. 이 보고서에서 그는 보호지구 경계선에서 머문 것과 뿔나팔을 분 것에 대해 말하고 있다. 그 다음 그는 여기서 언급하지는 않았지만 보호지구 전역에 능력 있는 선포를 했다. 제이는 자신의 팀이 하나님으로부터 더 많은 전략을 받을 때까지 사탄과 그의 수하들이 더 이상의 자살을 일으키는 것을 용납하지 않기 위해 그들을 가둔 것이다. 그런 후 제이는 그들에게 최후의 명령을 내렸다. 이것이 바로 믿음이고, 권위이다!

정상회의는 컨퍼런스에 등록한 사람들과 함께 오전 여덟 시에 시작되었다. 110명의 관련 지도자들이 나의 탄원을 듣고 내 제안이 이전의 그 어떤 노력들보다 낫다는 결정을 하는 것을 보고 감격했다. 다양한 기독교 단체들에서 온 교역자들이 말을 끝낸 후에, 나는 그들의 보호지구가 다른 영들에 의해 점령당한 것은 그들에게 책임이 있다고 말했다. 그들은 모두 이 사실을 겸손히 수긍했고 회개했으며 수많은 불신자들 앞에서 서로 화해했다. 이것 자체가 역사적인 일이었고 후에 그것은 효과를 드러냈다.

그 다음 이틀은 매우 긴장된 시간들이었고 주변의 저항이 상당히 거세게 일어났다. 중보기도자들과 나만이 실제로 우리가 무슨 일을 하고 있고 이후에 일이 어떻게 될지 알고 있다는 생각이 들었다. 그러나 이 일을 위해 내가 기름부음 받았다는 사실을 참석한 사람들이 확실히 이해하고 있다는 것을 깨달았다.

29일 오후 세 시에 주님은 "이제 시간이 되었다"고 말씀하셨다. 보호지구에 거하는 악한 세력을 몰아내기 시작할 때 나는 하늘로부터 들려오는 뿔나팔 소리를 간구했다. 그러자 힘과 용기가 솟았다. 우리는 예전에 경험하지 못한 분위기에 완전히 젖어들었다. 방 전체와 그곳에 있는 사람들이 영적인 초대에 영향을 받았다. 나는 확신이 들었다. 나와 그곳에 참석한 사람들은 우리가 보호지구에서 악한 세력의 지배를 몰아냈음을 알았다. 이후로 2년 10개월 동안 어떤 자살 시도나 실제적인 자살은 일어나지 않았다. 보호지구와 그곳의 사람들은 자유로워졌고 그 가정들에 정상적인 생활이 다시 찾아들었다.[6)]

멋지지 않은가! 이것이 바로 왕의 신분을 가지고 어둠의 세력과 싸우기 위해 성령의 검을 사용하는 최고 수준의 중보기도이다. 엡 6:10~17 이사야서 48장 또한 하나님의 말씀 및 하나님과 그분의 백성들이 동역하면서 내는 창조적인 능력에 대해 말하고 있다.

네가 이미 들었으니 이것을 다 보라 너희가 선전치 아니하겠느뇨 이제부터 내가 새 일 곧 네가 알지 못하던 은비한 일을 네게 보이노니 이 일들은 이제 창조된 것이요 옛적 것이 아니라 오늘 이전에는 네가 듣지 못하였느니라 그렇지 않았더면 네가 말하기를 내가 이미 알았노라 하였으리라. 사 48:6~7

이제 영어성경 AMP Amplified 에 나오는 7절을 살펴보자.

"이것은 이제 [예언된 대로] 내가 창조한 일이다. 옛적의 일이 아니며, 지금까지 네가 들어본 일이 없는 일이므로, '아, 내가 아는 일이다!' 라고 말할 수 없다."

하나님은 의지를 발동하여 그분의 계획을 보이신다. 그러면 우리는 선지자답게 그분의 뜻과 시기를 구별하고 그것을 선포해야 될 부르심을 받는다. 그럴 때 그분의 창조적인 능력이 순차적으로 발휘된다.

사람들을 통한 하나님의 선포

워싱턴 D.C.에 사는 중보기도자 샌디 그래디는 버지니아 주를 위해 하나님의 부르심을 받았다. 그녀는 변화가 필요한 어떤 상황을 본 다음, 하나님의 계획을 분별했고 그것을 수행했다. 다음은 그녀의 이야기이다.

19세기 초반에 나는 많은 사람들이 연방정부를 위해 기도하고 행동하는 반면에 주 정부에는 거의 관심들이 없음을 알게 되었다.

월빌더스 단체와 동역하면서 나는 내가 살고 있는 주를 사용해 주 정부를 향한 기도의 모델로 삼고자 결심했다. 그 당시 나는 이 주 정부에 대해 아는 바가 거의 없었지만 몇 가지 조사를 한 후에 정부 지도자들과 사회복지 분야에서 가족 중심의 가치가 뿌리내리도록 절박하게 기도해야 할 필요성을 깨달았다. 입법부 지도자들 대다수는 거룩한 생활을 하지 못하고 있었고, 학교에서 드리는 기도와 내가 소중하게 여기는 그 밖의 가치문제들에 있어 상당히 실망스러운 모습을 보이고 있었다.

상황을 조사한 후에 나는 하나님께 기도 전략을 구했다. 주님은 내게 버지니아를 향해 현재의 상황을 밝히고 버지니아 주민들이 하나님의 정부를 받아들일 때 무슨 일이 일어날지에 대해 적은 선포문을 쓰라고 하셨다. 나는 이 선포문을 버지니아 전역에, 많은 부서의 의전국에 보냈다. 사람들마다 온전히 수긍하는 것 같았다. 처음으로 연합 기도 모임을 가질 때, 방은 이와 같은 초대를 간절히 기다려온 전국의 중보기도자들로 꽉 찼다. 우리가 주 의회 의사당에서 사용했던 방은 패트릭 헨리와 토마스 제퍼슨이 연초에 연설했던 바로 그 방이었다. 우리는 다함께 이 선포문을 낭독했고, 이후에도 그러한 일들을 이어갔다.

한 선거 회기가 끝나기 전에 입법부 구성이 임신중절 반대와 가족 중심의 가치에 좀더 우호적인 쪽으로 변하기 시작했다. 새 행정부는 주 의회 의사당과 주지사 관저에서 정규적으로 기도회를 갖는 것을 환영했다. 그 후로 주 의회 모임이 열리는 그 현장에서 기도는 매일같이 계속되었고, 우리는 신앙을 가지고 경건한 입법안을 통과시키려는 입법자들의 수를 계속해서 늘려갔다.

주 의회를 위한 하나님의 법령 제정이란 바로 이런 것이다. 하나님나라의 정부가 곤궁에 처한 이 땅의 정부에게 선포하고 위하여 기도하는 것이다.

에스겔서 37장은 사람의 선포를 통해 하나님이 통치하고 창조하시는 놀라운 예를 보여준다. 이 구절에서 이스라엘의 영적인 상황은 마른 뼈들이 골짜기에 흩어져 있는 모습으로 나타난다. 다시 말해 이스라엘은 영적으로 죽어 있었다. 회복케 하시는 하나님의 도구는 에스겔이 그 뼈들에게 대언 또는 선포하는 것이었다.

또 내게 이르시되 너는 이 모든 뼈에게 대언하여 이르기를 너희 마른 뼈들아 여호와의 말씀을 들을지어다 주 여호와께서 이 뼈들에게 말씀하시기를 내가 생기로 너희에게 들어가게 하리니 너희가 살리라 너희 위에 힘줄을 두고 살을 입히고 가죽으로 덮고 너희 속에 생기를 두리니 너희가 살리라 또 나를 여호와인 줄 알리라 하셨다 하라 이에 내가 명을 좇아 대언하니 대언할 때에 소리가 나고 움직이더니 이 뼈, 저 뼈가 들어맞아서 뼈들이 서로 연락하더라. 겔 37:4~7

여기까지 보면 뼈들은 이제 한 몸을 이루고는 있지만 그 안에는 여전히 숨결이 없었다. 선지자는 다시 대언을 하는데 이번에는 그 안에 하나님의 숨결 또는 성령이 들어가라고 했다. 하나님이 일을 이루시는 과정 과정마다 선지자의 참여를 필요로 하거나 요구하시는 것처럼 보이지 않는가?

또 내게 이르시되 인자야 너는 생기를 향하여 대언하라 생기에게 대언하여 이르기를 주 여호와의 말씀에 생기야 사방에서부터 와서 이 사망을 당한 자에게 불어서 살게 하라 하셨다 하라 이에 내가 그 명대로 대언하였더니 생기가 그들에게 들어가매 그들이 곧 살아 일어나서 서는데 극히 큰 군대더라. 겔 37:9~10

사람이 성령님께 선포하고 성령님을 드러내다니 놀랍지 않은가! 하지만 에스겔이 성령님께 지시하는 게 아니라 성령님을 위해 지시하고 있음을 주목해보라. 그 명령들을 주고 계시는 이는 하나님이시다. 에스겔은 이 땅에 울리는 하나님의 음성이 되어 그분께 협력하고 있는 것이다. 14절에서 하나님은 "나 여호와가 이 일을 말하고 이룬 줄을 너희가 알리라"고 말씀하신다. 선지자가 하는 말이 그분의 것이라고 말씀하신 것이다. 선지자의 말은 하나님의 권위를 지니고 그분의 능력을 전하기 때문에 실제로 하나님의 것이다. 우리가 앞 장에서 확인한 하나님의 말씀이 지닌 몇 가지 특성들은 아래와 같은 사실에 강력한 근거를 두고 있다.

선지자를 통한 하나님의 말씀은 다음과 같다.

- 유력하다. 욥 6:25
- 하나님의 뜻을 세운다. 욥 22:28
- 죽이고 살리는 권세를 가진다. 잠 18:20~21
- 잘 박힌 못과 같다. 전 12:11
- 능치 못하심이 없다. 눅 1:37

예레미야의 사역에서 우리는 사람을 통해 말씀을 전하시는 하나님의 또 다른 생생한 모습을 본다.

"여호와께서 그 손을 내밀어 내 입에 대시며 내게 이르시되 보라 내가 내 말을 네 입에 두었노라." 렘 1:9

그 다음, 하나님은 그 말씀들이 이룰 일을 말씀하셨다.

"보라 내가 오늘날 너를 열방 만국 위에 세우고 너로 뽑으며 파괴하며 파멸하며 넘어뜨리며 건설하며 심게 하였느니라." 10절

이후에 예레미야는 "여호와께서 내게 이르시되 네가 잘 보았도다 이는 내가 내 말을 지켜 그대로 이루려 함이니라" 12절 고 기록한다. 이 부분, 하나님이 지켜 그대로 이루겠다고 하신 그분의 말씀들이 16~17절에서 보듯이 사람을 통

해 그분이 말씀하신 것들이라는 점을 잊지 말라.

"내가 나의 심판을 베풀어 그들의 모든 죄악을 징계하리라 … 일어나 내가 네게 명한 바를 다 그들에게 고하라."

하나님의 말씀이지만 사람을 통해 말씀을 전하는 것, 이것은 언제나 그분이 써온 방식이다.

"그러므로 내가 선지자들로 저희를 치고 내 입의 말로 저희를 죽였노니 내 심판은 발하는 빛과 같으니라."호 6:5

하나님의 선포와 심판은 사람의 말로 전해졌다. 그런데 이렇게 생각하는 사람이 있을지 모르겠다.

"맞아요. 하지만 그것은 모두 구약성경의 말씀이잖아요."

일을 하실 때 하나님이 쓰시는 도구는 변하지 않았다! 신약성경 또한 하나님이 우리의 선포를 통해 심판을 베푸시는 것에 대해 말한다. 예수님이 에클레시아교회에 대해 말씀하신 구절을 떠올려보라. 거기서 우리는 교회를 이 땅에 있는 그분의 의회 또는 통치 기관이라고 정의 내렸다.

내가 너에게 하늘나라의 열쇠를 주겠다. 네가 땅에서 무엇을 매든지 - 부적절하고 비합법적인 것을 드러내는 것 - 하늘에서도 이미 매일 것이요, 땅에서 무엇을 풀든지 - 합법적인 것을 드러내는 것 - 하늘에서도 이미 풀릴 것이다.마 16:19, AMP

여기서 예수님은 이 땅에 있는 그분의 정부가 하나님의 뜻과 말씀을 바탕으로 합법적이고 비합법적인 것, 용납되고 용납되지 않는 것을 드러낸다고 말씀하고 계신다.

이어서 주님이 예레미야의 말을 통해 행하신 것처럼 적들을 향해 그분의 심판과 계획과 목적을 제시하신다는 설명이 나온다. 나는 이러한 '적'들이 사람들이 아니라 어둠의 세력들이라는 점을 강조하고 싶다.

나라를 위한 지속적인 기도

나는 수차례 다양한 정부 기관들의 건물 안팎에서 기도를 해왔다. 한번은 2005년 6월 16일 연방대법원에서 기도를 하고 있었다. 나는 믿을 수 있는 친구이자 중보기도자인 제이 코미스키에게 다섯 가지 핵심적인 기도 부탁을 받았다. 제이는 자신이 기도하는 가운데 법원과 관련된 다섯 가지 성경적인 선언을 받았다는 것과 거기서 내가 그 선언들을 선포하는 모습이 떠올랐다고 말했다.

나의 일정은 완전히 꽉 차 있어 워싱턴 D.C.에 갈 짬이 전혀 없었다. 그러나 나는 제이의 진실성과 성령님이 인도해주신 선언의 능력과 내 삶의 소명을 철석같이 믿고 있었다. 그래서 다시 일정을 조정하여 애초에 계획된 사역지로 가는 중간에 워싱턴 D.C.에 들르기로 했다.

나는 연방대법원 건물 안으로 들어가기보다는 건물 밖에서 이 다섯 가지 선언들을 하되 네 방위 모두에서 한 차례씩 해야겠다고 느꼈다. 나는 두세 시간 안에 이 일을 했고 가던 길을 갔다. 내가 했던 두 번째 선언은 하나님이 법원을 바꾸시는 일이 '집요한 설득'에서 '갑작스러운 일'로 바뀐다는 내용이었다. 나는 이것이 무엇을 뜻하는지 몰랐고 다만 제이가 받은 내용을 그대로 선포했을 뿐이다.

이 점이 중요하다. 우리는 하나님이 주신 과제에 우리의 이해나 바람을 개입시켜서는 안 된다. 우리는 하나님이 지시하신 것을 상당히 조심스럽게 행하고 말해야 한다. 그렇다고 하나님의 선언을 문자 그대로 듣고 그 형태 그대로 말해야 한다는 뜻은 아니다. 하지만 효력이 발휘되기 위해 우리는 하나님이 바라시는 바로 그것을 선포해야 한다.

"효력이 발휘되기 위해 우리는 하나님이 바라시는 바로 그것을 선포해야 한다."

나는 후임 대법관 임명에 대해 기도하기 위해 두 차례 더 워싱턴 D.C.에 갔다. 한번은 부시 대통령이 존 로버츠를 임명하기까지 사흘 동안 그곳에 머물기도 했다.

나는 백악관으로 가서 그를 위해 기도해야겠다고 느꼈다. 루 잉글, 샌디 그래디와 함께 그 일을 했다. 우리는 그곳에 공식 초청을 받은 게 아니라 단순히 '관광객'의 자격으로 가서 거의 한 시간 동안 백악관을 거닐며 대통령이 오직 하나님의 선택을 이루는 결정과 선언을 하도록 이끌어 달라고 하나님께 기도했다.

그러는 동안에 무언가 이상한 일이 계속해서 일어나고 있었다. 내가 아는 민감한 중보기도자들 중 한 명이자 30년 동안 워싱턴 D.C.를 위해 기도해온 중보기도자인 샌디가 계속해서 말들이 떠오른다고 했다. 기도할 때 말들에 대한 생각이 머리에서 떠나지 않는다는 것이었다. 그러더니 백악관에 있는 말들의 그림과 조각상들 쪽으로 이끌림을 받았다.

우리는 이것이 무엇을 뜻하는지 분별할 수 없었지만 하나님이 우리에게 무언가를 지시하고 계신다는 것은 알았다. 다시 말하지만, 하나님을 대변하기 위해 꼭 정확한 단어들이나 구절들을 가지고 있을 필요는 없다. 그분은 형식에 구애를 받는 분이 아니다. 하나님의 뜻을 구두로 전하는 데 필요한 것은 우리의 참여와 순종, 그리고 기도이다.

하나님이 무언가를 말씀하고 계신 것은 믿었지만 그것

이 무엇인지 알 수 없었기에 우리는 다음과 같은 기도를 드렸다.

"하나님, 당신은 분명히 우리가 말들에게 주의를 기울이도록 인도하고 계십니다. 우리는 그 이유를 모르겠고 그것이 우리에게 무슨 의미인지 모르겠습니다. 하지만 '말들'과 관련된 하나님의 계획과 목적들, 그리고 연방대법원의 결정이 이루어질 것을 선포합니다. 우리는 당신의 나라가 임하옵시고 당신의 뜻이 이루어질 것을 선포합니다."

그런 후 계속해서 대통령과 그가 내릴 결정이 가져올 다양한 양상들을 위해 기도했다.

말들에 대한 기도가 어리석은 것처럼 보였겠지만 우리 세 명은 이해할 수 없을 때조차 순종하는 법을 배웠음을 고백한다. 그리고 며칠 후 다음과 같은 기사 발문을 읽었을 때 우리가 얼마나 유쾌하게 놀랐을지 상상해보라.

"네 명의 기수騎手로 알려진 막후인물들이 고등법원의 미래를 만들고 있다."[7]

우리는 대통령의 네 자문가들이 '네 명의 기수'라고 불리는지 몰랐다. 우리는 다만 기도했고 법원의 결정과 관련된 하나님의 목적들이 이루어질 것이라는 점과 그 일 가운데서 '말'이 무엇을 의미하든 간에 책임을 맡게 될 것이라는 점을 선포했을 뿐이다. 이제는 우리가 이 일을 놓고 대통령과 그들이 함께 일할 때 하나님이 그들에게 지혜를 주시기를 기도했음을 안다. 우리는 과연 하나님이 그들에게 지혜를 주셨고, 앞으로도 그러하시리라 믿는다.

우리는 하나님의 계획이다! 그분은 교회가 교회다워지기를 기다리고 계신다. 하나님의 의회로서 제 역할을 하고 성령님이 인도해주신 선언들을 통해 그분의 뜻을 법률로 제정하며 지옥의 의회를 좌절시키기를 기다리시는 것이다. 하나님은 우리가 그분의 뜻을 각 인생들에게 명령하고 그들이 사탄의 음모에 의해 멸망하지 않는다는 것을 선언하기를 기다리고 계신다. 참다운 그리스도인이라면 당신은 이 위대한 정부의 한 부분인 것이다. 이 땅에 하나님의 통치를 확장하는 일에 착수하라. 그 일을 더 이상 미루지 말라.

9장

하늘에 속한 것을 분별하라

찬송하리로다 하나님 곧 우리 주 예수 그리스도의 아버지께서 그리스도 안에서 하늘에 속한 모든 신령한 복으로 우리에게 복 주시되 … 그 능력이 그리스도 안에서 역사하사 죽은 자들 가운데서 다시 살리시고 하늘에서 자기의 오른편에 앉히사 … 또 함께 일으키사 그리스도 예수 안에서 함께 하늘에 앉히시니 … 이는 이제 교회로 말미암아 하늘에서 정사와 권세들에게 하나님의 각종 지혜를 알게 하려 하심이니 … 우리의 씨름은 혈과 육에 대한 것이 아니요 정사와 권세와 이 어두움의 세상 주관자들과 하늘에 있는 악의 영들에게 대함이라. 엡 1:3, 20, 2:6, 3:10, 6:12

어느 날 나는 이 구절들을 중간에 아무런 부분 없이 연이어 읽으면서 매료되고 말았다. 그 구절들은 어우러져 어찌나 잘 흘러가는지 실제로 연속되는 생각들을 주고 있었다. 그 구절들은 우리가 하늘에 영향을 끼치는 데 필요한 모든 것을 받았음을 간결하게 말하고 있다. 그리스도는 하늘로부터 모든 권위를 받으셨다. 우리는 권위의 자리에 그분과 함께 앉게 되었다. 하나님은 우리를 통해, 그리스도와 함께 앉은 그 자리에서 어둠의 왕국을 다루실 작정이다. 마침내 마지막 구절은 악의 왕국을 구성하는 다양한 요소들을 언급하면서 그것에 대해 설명하고 있다.

'하늘에 속한 것' 이란 무엇인가? 이것은 하늘, 즉 하나님의 집이 아니라 우리 주변의 눈에 보이지 않는 환경을 말한다. 우리는 하나님과 온전히 협력하는 자들이 되기 위해 미지의 차원을 상대적으로 이해하고 그분이 주시는 축복을 충만하게 경험해야 한다. 그곳은 눈에 보이지 않는 영의 영역이다. 눈에 보이지는 않지만 실재하며, 감춰져 있지만 매우 역동적인 영역이다. 이 땅에서 일어나는 많은 일들이 그것에 영향을 받는다. 영원한 의미를 지니거나 사람들과 나라들의 운명과 관련된 그 어떤 것도 확실히 그 안에서 통제를 받는다.

그리스도인을 포함해 대부분의 사람들은 보이는 세계를 다스리는 보이지 않는 세계가 있다는 것을 거의 인식하지 못한다. 특히 고등 교육과 지성을 강조하는 문화 속에서 많은 이들이 실제로 이런 영역에 냉소적이다. 그러나 성경은 그것에 관한 묘사와 설명으로 가득 차 있다. 실제로 그것이 성경의 이야기이다. 보이지 않는 세계를 떠나서는 하나님이나 사탄, 천사들, 마귀들, 인간의 타락, 그리스도의 탄생, 십자가를 통한 대속, 기적, 죽은 자의 부활도 없다. 하지만 놀랍게도 그리스도인들의 대부분은 이러한 영역이 우리에게 얼마나 많은 영향을 미치는지 깊이 생각하지 않고 살고 있으며, 우리가 얼마나 그것에 영향을 미칠 수 있는가에 대한 일도 방치해두고 있다.

중요한 진실은, 우리가 눈에 보이지 않는 영적인 영역을 다스리는 원리들을 인식하고 적용하면서 그 안에서 제 기능을 하는 법을 배울수록 더욱 하나님의 동역자가 될 수 있고, 우리의 세상에 긍정적인 영향을 미칠 수 있으며, 악한 세력의 함정과 영향을 피해가며, 구원의 축복을 누릴 수 있다는 것이다.[1)]

앞서 제시한 에베소서의 구절들을 묵상할 때 하나님은 내가 이 영역들을 충분히 의식하지 못하고 있음을 드러내 보여주기 시작하셨다. 보이지 않는 세계는 내게 새로운 주제는 아니었다. 나는 오래전부터 보이지 않는 세계가 있음을 이해해왔고 우리가 기도하고 행동함으로써 그것에 영향을 미칠 수 있음을 알았다. 그러나 성령님은 내가 이러한 차원을 충분히 알지 못하고 있음을 드러내 보여주셨다.

덕분에 이 땅의 변하는 상황 속에서 최대한 능력을 발휘하기 위해서는 하늘이 이 땅에 어떻게 영향을 미치는지 이해해야 한다는 것을 분명히 보았다. 거꾸로 말해, 나는 이 보이지 않는 세계에 어떻게 영향을 미칠 수 있는지, 바라건대 어떻게 두려움 없이 이 모든 일을 감당할 수 있는지 보다 더 큰 이해가 필요했다.

보이지 않는 전쟁

영적인 영역에 대해 묵상하면 할수록 나는 그것이 성경의 주요 주제-세상을 다스리기 위해 전쟁을 벌이고 있는 눈에 보이지 않는 두 나라-라는 것을 깨달았다. 이 영역에서 무슨 일이 일어나고 있는지 볼 수만 있다면 우리는 틀림없이 거대한 나라 간의-엄청난 전쟁에 참여한 천사의 세력과 마귀 세력의-충돌을 보게 될 것이다. 그것이 어떤 모습일지 정확히는 모르지만 그런 전쟁은 분명히 벌어지고 있다. 다음 구절에 나오는 눈에 보이지 않는 것에 대한 생생한 설명에서 우리는 그 일을 어렴풋하게나마 본다.

하나님의 사람의 수종 드는 자가 일찍이 일어나서 나가보니 군사와 말과 병거가 성을 에워쌌는지라 그 사환이 엘리사에게 고하되 아아, 내 주여 우리가 어찌하리이까 대답하되 두려워하지 말라 우리와 함께한 자가 저와 함께한 자보다 많으니라 하고 기도하여 가로되 여호와여 원컨대 저의 눈을 열어서 보게 하옵소서 하니 여호와께서 그 사환의 눈을 여시매 저가 보니 불 말과 불 병거가 산에 가득하여 엘리사를 둘렀더라 아람 사람이 엘리사에게 내려오매 엘리사가 여호와께 기도하여 가로되 원컨대 저 무리의 눈을 어둡게 하옵소서 하매 엘리사의 말대로 그 눈을 어둡게 하신지라. 왕하 6:15~18

눈에 보이지 않는 세력들은 내내 있어왔다. 다만 엘리야의 종이 그들을 보지 못했을 뿐이었다. 그 세력들은 우리와도 함께 있다. 우리는 끊임없이 계속되고 거대한 천사와 마귀의 활동으로 가득 찬 세상에서 살고 있다. 다만 우리 자연의 눈이 그것을 인지하지 못할 뿐이다.

많은 그리스도인들이 성경을 믿는다고 주장하고 이와

같은 '하늘에 속한 것들'을 믿는다고 말하면서도 여전히 그것에 의식적으로 적응하는 데 문제가 있는 것을 보면 놀라울 따름이다. 예를 들어 많은 이들이 마귀들이나 천사들 또는 눈에 보이지 않는 세력들을 다루는 기도 형태에 문제를 제기하고 있다.

물론 세상은, 즉 그리스도인이라고 고백하지 않는 사람들은 눈에 보이지 않는 영적인 영역을 인정하는 데 있어 더 큰 문제를 가지고 있다. 눈에 보이는 세상에 영향을 미치는 눈에 보이지 않는 영역이 있다고 하면 즉시 의심 어린 눈초리 또는 조롱을 받거나 현실성 없다는 소리나 듣기 십상이다. 이것은 마귀의 활동들을 부추기는 일이 아닐 수 없다!

그러나 진실로 효과적인 기도를 하고자 한다면, 특히 통치적인 기도를 하고자 한다면, 우리는 영적인 세계에 영향을 미치기 위해 이를 인정하고 이해하며 배워야 한다. 다른 사람들이 어떻게 생각할까 하는 두려움을 떨치고 성령님께 동의해야 한다. 예수님은 우리의 본이 되신다. 그분은 눈에 보이지 않는 것들에 대해 자주 다루셨다. 그분은 항상 그것을 인식하셨고 가시는 곳마다 마귀의 방해를 휘저으시며 끊임없이 보이지 않은 실체에 관여하셨다.

사도행전에 나오는 초대교회 또한 어둠의 세력들에 맞

서고 적절한 때에 그들을 다루면서 그렇게 했다. 성경을 믿으며 그리스도를 따르는 자들이라고 고백하면서도 눈에 보이지 않는 어둠의 왕국을 인정하지 않고 그것을 다루지 않는 것은 앞뒤가 맞지 않는 일이다. 이 영역에서 실패한다면 우리는 많은 영역에서 무기력해지고 만다.

영적인 싸움을 하는 이유

다음 이야기는 왜 우리가 영적인 영역에 참여해야 하는지 설명하고 하나님나라의 권위가 극적으로 펼쳐지는 모습을 보여준다.

간사들 몇몇이 우리 사역 학교 출신의 학생들과 함께 뉴에이지 사상의 주요 중심지인 근처의 대학에 수차례나 가보았다. 캠퍼스에서 가장 인기 있는 종교는 마법이다. 나의 선배이자 놀라운 기름부음을 받은 하나님의 대언자인 크리스는 학교에서 기독교와 초자연적인 것에 관한 강의를 해달라는 초청을 받았다. 그는 학생들 앞에 서서 짧은 간증을 나누었다. 수업이 끝났을 때 귀신에 들려 고통 받던 한 젊은 여자가 귀신의 영향을 받아 말하기 시작했다. 크리스는 귀신들에게 떠나가라고 명령했고 그녀는 눈이 휘둥그레진 많은 학생들 앞에서 귀신에게 놓임을 받았다! 그런 다음 그녀가 너무나도 크게 기뻐하는 바람에 학생들은 다음 수업이 시작될 수 있도록 그녀를 교실 밖 주차장으로 데리고 나가야 했다.

그 시간 전후로 수업을 듣는 학생들 모두가 놀라 말문이 막힌 채 무슨 일이 일어나는지 보았다. 나의 선배는 사람들을 지적하고 그들의 삶을 파고들며 강한 어조로 가슴속에 있는 은밀한 일들을 건드리는 대언을 하며 그들을 불러세우기 시작했다. 어떤 사람들은 힘이 빠져나간 듯이 즉시 바닥에 푹 쓰러졌다. 다른 사람들은 입을 떡 벌리고 그 자리에 앉아 있었다. "나는 당신이 하나님께 헌신하는 것을 봤습니다"라고 그는 가족들 가운데 유일하게 불신자인 한 젊은이에게 말했다. 지옥의 권세에 그들의 삶을 바친 마법사들과 점쟁이들이 이스라엘과 교회에 전능하신 하나님이 계심을 알 때까지 그 일은 계속되었다![2]

이것이 교회다운 교회의 모습이다. 우리는 이 영역에서 일하며 영향을 미치기 위해 성령님의 동역자가 되는 것을 배우며 담대함과 기술을 키워가야 한다.

구약의 다른 성경 구절인 출애굽기 17장은 여호수아가 이스라엘 군대를 아말렉 족과의 전투로 이끄는 가운데 이 눈에 보이지 않는 전쟁을 보여준다. 하나님은 모세에게 당신이 준 지팡이를 가지고 전쟁터를 내려다볼 수 있는 산으로 올라가 그것을 높이 들라고 말씀하셨다. 왕의 홀이 왕의 신분을 드러내는 것처럼 이 지팡이는 하나님의 권위를 상징했다. 그것은 이스라엘이 애굽에서 구원을 받은 이래로 시종일관 내내 하나님의 능력을 베푸는 권위의 상징이었다. 모세가 지팡이를 들어올린 것은 곧 하나님의 힘을 높이 들어올린 것이었다.

성경은 모세가 팔에 힘이 빠져 더 이상 지팡이를 떠받치지 못할 때 전투가 이스라엘에게 불리하게 돌아섰다고 말한다. 그의 팔이 지팡이를 높이 치켜들었을 때 전투는 이스라엘에게 유리하게 돌아갔다. 이것은 분명히 사기의 문제는 아니었다. 군사들은 전투에 임하고 있는 동안 모세를 쳐다볼 경황이 없었다. 전세가 달라지는 원인은 그들의 의식적인 마음자세와는 전혀 별개의 것이었다. 그 원인은 하늘에서 벌어지는 눈에 보이지 않는 전쟁에 있었다.

실제로 전쟁이 벌어지는 현장에서 눈에 보이고 혈과 육을 지닌 사람들이 손으로 만질 수 있는 물리적인 무기를 가지고 싸우는 동안, 산 위에서 모세가 취한 행동은 전투의 결과를 결정짓는 눈에 보이지 않는 힘을 발휘하고 있었다. 두 영역이 실제로 서로에게 영향을 미치고 있음에 주목하라. 눈에 보이는 영역에서 일어나고 있는 행동들[지팡이를 들고 있는 모세], 눈에 보이지 않는 하나님의 권위와 능력,

이것들이 눈에 보이는 영역전투에서 결과를 결정짓는다. 자연의 영역과 영적인 영역, 보이는 영역과 보이지 않는 영역은 오늘날에도 여전히 서로에게 영향을 미친다. 수백만 가지의 선한 일들과 악한 일들이 이 두 가지 방식의 원인과 영향에 의해 이 땅에서 매일같이 일어나고 있다.[3]

다니엘서 10장은 하나님의 놀라운 메시지를 가진 한 천사가 특별한 방문을 하여 다니엘을 섬기는 모습을 기록하고 있다.

> 한 손이 있어 나를 어루만지기로 내가 떨더니 그가 내 무릎과 손바닥이 땅에 닿게 일으키고 내게 이르되 은총을 크게 받은 사람 다니엘아 내가 네게 이르는 말을 깨닫고 일어서라 내가 네게 보내심을 받았느니라 그가 내게 이 말을 한 후에 내가 떨며 일어서매 그가 내게 이르되 다니엘아 두려워하지 말라 네가 깨달으려 하여 네 하나님 앞에 스스로 겸비케 하기로 결심하던 첫날부터 네 말이 들으신 바 되었으므로 내가 네 말로 인하여 왔느니라 그런데 바사 국군이 이십일일 동안 나를 막았으므로 내가 거기 바사국 왕들과 함께 머물러 있더니 군장 중 하나 미가엘이 와서 나를 도와주므로 … 그가 이르되 내가 어찌하여 네게 나아온 것을 네가 아느냐 이제 내가 돌아가서 바사군과 싸우려니와 내가 나간 후에는 헬라군이 이를 것이라.
>
> 단 10:10~13, 20

열정적인 기도의 사람 다니엘은 몇 가지 일로 하나님께 부르짖었는데, 그중 하나는 이스라엘의 회복에 관한 일이었다. 믿기 힘들겠지만 다니엘에게 나타난 천사는 그에게 "네가 기도를 시작한 첫날에 네게 가라는 지시를 받았지만 바사국 왕이라 불리는 한 영이 나를 가로막았다"라고 말했다. 이처럼 우리는 영적 전쟁 가운데 기도한다는 사실을 잊지 말아야 한다. 다니엘처럼 나라의 회복을 위해 부르짖을 때 영적 전투에서 밀려나지 않도록 오직 하나님의 능력과 권위에 의지하며 기도해야 한다.

10장

성령의 도우심을 충분히 구하라

"아빠, 저 지난 밤에 재미있는 꿈을 꿨어요"라고 막내딸 한나가 내게 말했다. 그 아이가 종종 성령님이 주시는 꿈을 받는다는 것을 알고 있었기에 나는 그 자세한 이야기를 몹시 듣고 싶었다. 아이의 이야기를 들은 후에 나는 그 꿈이 단지 한나를 위한 것만이 아니라 교회 전체를 위한 메시지임을 깨달았다. 두말할 것도 없이 그 꿈은 나를 위한 것이기도 했다. 몇 가지 자세한 사항들은 우리의 주제에 꼭 들어맞지는 않지만 다른 것들은 들어맞는다.

꿈속에서 우리는 아이를 대학 캠퍼스 같은 곳에 내려주었다. 아이가 가장 먼저 해야 했던 일은 새 신발을 사는 것이었다. 우리는 전국에 많은 체인을 둔 슈퍼마켓인 '안전한 길' Safe way이라는 가게에 들어가 아이에게 필요한 신발을 찾았다. 꿈속에서 아이는 슈퍼마켓에서 신발을 팔다니 이상한 일이라고 생각했다. 그래서 그 가게를 나오면서 뒤를 돌아보았다고 한다. 그런데 가게 이름은 더 이상 '안전한 길'이 아니라 '다른 일들' Other things로 바뀌어 있었다.

꿈 풀이를 해달라고 주님께 간구했을 때 우리는 새로운 국면과 시절새 신발이 다가오고 있고, 그 여정에서 우리가 '안전하고' 익숙한 길을 갈 수 없게 될 것이라고 성령님이 말씀하심을 느꼈다. 주님은 '다른 일들'을 하실 참이었다. 우리는 우리의 안전한 지대를 떠나 새로운 방식과 활동으로 뻗어나갈 필요가 있었고, 이 모든 일을 하려면 다르게 생각할 줄 알아야 했다.

꿈속에서 임무를 받았을 때 한나는 자신이 한 특별한 건물 안의 '회색 층'에 있다는 말을 들었다. 층의 이름이 색깔이라는 점이 흥미롭고도 중요한 의미를 지닌다.

"그게 무슨 의미일까요?" 라고 아이는 물었다.

성경에서 희끗한 회색빛 머리는 연륜에서 오는 지혜를

상징한다. 그래서 나는 즉시 그 층의 이름이 지혜를 상징한다는 것을 알았다. '노년'과 '희끗한 머리' siyb라는 뜻의 히브리어는 '장로'로 번역되기도 한다. 스 5:5, 9, 6:7~8, 14

그런 후 아이는 회색 층의 어느 방으로 들어갔다고 한다. 한나는 계속해서 말했다.

"아빠, 제가 그 방문을 열자 아빠가 그 안에 계셨어요. 놀란 저는 '미안해요, 아빠. 제 방인 줄 알았어요'라고 대답했죠."

그러자 꿈속에서 내가 딸에게 "내가 이곳에 계속 있기는 했지만, 이제 너에게 이 방을 줄 거야"라고 말했다고 한다.

지혜의 말씀과 성령의 조명

한나의 꿈은 내게 굉장히 중요한 의미를 담고 있다. 그 꿈은 하나님이 우리나라에서 이제 새로운 일들을 하실 것이고 나의 사역이 새로운 국면으로 접어들게 될 것임을 가리키고 있었다. 하나님이 한나의 세대에 무언가 매우 새로운 일을 시작하고 계심을 나는 믿는다. 언젠가 내가 마음속으로 알게 되었던 성령의 움직임이 다가오고 있는 것이었다. 나는 우리나라를 위한 부흥이 이제 곧 한나의 세대와

"말씀을 묵상하고 해석하는 것과 성령님의 세밀한 조명하심을 구하는 것은 별개의 것이 아니며, 어떤 것도 다른 것 없이는 적절하게 제 기능을 발휘하지 못하는 것이다."

함께 시작되고, 그것은 곧 모든 세대로 퍼져나가리라는 것을 확신한다. 꿈을 통해 하나님은 아버지로서 한나의 세대를 도와 내가 받은 지혜와 영감을 그들에게 전해주라고 명령하고 계셨다.

지혜의 말씀과 성령의 조명, 곧 말씀을 묵상하고 해석하는 것과 성령님의 세밀한 조명하심을 구하는 것은 별개의 것이 아니며, 어떤 것도 다른 것 없이는 적절하게 제 기능을 발휘하지 못하는 것이다. '지혜의 말씀' 을 의미하는 모든 층에는 '성령의 조명' 을 의미하는 방들이 있어야 하고, 반대로 '성령의 조명' 이라는 모든 방은 '지혜의 말씀' 이라는 층에 있어야 하는 것이다.

대부분의 교회는 이 둘의 균형을 이루지 못하고 이 가운데 하나에 초점을 맞추고 있는데, 그중에서도 말씀에 대한 성경지식의 필요에 치중해온 측면이 강한 것도 사실이다. 말씀의 필요를 경시하려는 생각은 전혀 없지만, 성령의 조명하심 없이 습득한 지혜의 말씀은 우리의 신앙생활에 매우 해로울 수 있음 또한 사실이다.

성령의 조명하심이란 무엇인가? 그것은 단순히 우리가 가지지 못한 지성적인 지식을 미리 얻는 것 이상을 의미한다. 그것은 성령님이 우리에게 드러내주신바 마음이나 영에서 비롯된 이해력이다. 다음 구절들은 이 점을 명확하게 뒷받침해준다.

우리 주 예수 그리스도의 하나님, 영광의 아버지께서 지혜와 '계시'의 정신을 너희에게 주사 하나님을 알게 하시고 너희 '마음눈'을 밝히사 그의 부르심의 소망이 무엇이며 성도 안에서 그 기업의 영광의 풍성이 무엇이며. 엡 1:17~18

만일 우리 복음이 가리웠으면 망하는 자들에게 가리운 것이라 그중에 이 세상 신이 믿지 아니하는 자들의 마음을 혼미케 하여 그리스도의 영광의 복음의 광채가 비취지 못하게 함이니 그리스도는 하나님의 형상이니라 우리가 우리를 전파하는 것이 아니라 오직 그리스도 예수의 주 되신 것과 또 예수를 위하여 우리가 너희의 종 된 것을 전파함이라 어두운 데서 빛이 비취리라 하시던 그 하나님께서 예수 그리스도의 얼굴에 있는 하나님의 영광을 아는 빛을 '우리 마음에' 비취셨느니라. 고후 4:3~6

성령의 조명하심에 대한 성경적인 개념이 지성이나 우리 자신에게서 비롯된 것이 아니라는 것에는 논란의 여지가 없다. 두 번째 구절에 나오는 '가리워진' kalupto 이라는 단

> 성령의 조명이란 죄가 만들어낸 베일을 하나님이 우리 마음에서 걷어내시고 우리가 그분으로부터 직접 통찰력과 이해력을 받고자 할 때 일어난다.

어와 첫 번째 구절에 나오는 '계시' apokalupsis 라는 단어는 그 어근이 같다. '칼륩토' kalupto의 기본 개념은 무언가를 덮거나 숨김으로써 감추거나 비밀로 하는 것이다. 접두사 '아포' apo는 취소하는 것, 되돌리는 것을 의미한다. 간단히 말해, 계시 곧 성령의 조명이란 죄가 만들어낸 베일을 하나님이 우리 마음에서 걷어내시고 우리가 그분으로부터 직접 통찰력과 이해력을 받고자 할 때 일어난다.

지혜의 말씀과 성령의 조명 간의 차이점 몇 가지를 살펴봄으로써 그것이 각각 지닌 역할들을 이해할 수 있다. 지혜의 말씀은 과거에 학습된 진리를 바탕으로 형성된다. 반면에 성령의 조명은 현재의 진리를 만들어내고 우리의 지혜가 현재에 의미를 갖도록 만든다. 지혜의 말씀은 일관성과 균형을 만들어내고, 성령의 조명은 우리 삶의 정체됨을 막는다. 이 가운데 어느 하나를 강조할 때 일어날 수 있는 몇 가지 결과들을 살펴보자.

현재에 필요한 성령의 조명 없이 지혜의 말씀으로만 일한다면, 우리는 다음과 같은 모습이 될 것이다.

- 무엇이 옳은 원리들인지는 알지만 적절한 시기와 적용을 놓치고 만다.
- 능력영에 대한 진리 없는 신학과 교리를 강조하게 된다.
- 은사나 능력에 대한 이해력과 성령님의 지시에 대한 공식을 강조하게 된다.
- 능력 없는 기독교 신앙을 보여주고, 실천 없는 형식, 변화 없는 정체를 주장하면서 종교적, 습관적인 크리스천이 된다.

다른 한편, 성령의 조명을 지나치게 강조하고 지혜의 말씀을 도외시한다면 우리는 다음과 같이 될 가능성이 있다.

- 건전한 교리를 충분히 중요하게 생각하지 않는다.
- 삶과 영성에 접근하는 방식이 지나치게 주관적으로 흐른다.
- 성령님이 이끄시는 역사를 잘못 풀이하고 잘못 적용하게 된다.
- 진리에 앞서 능력을, 말씀에 앞서 영을 우선시하게 된다.

그동안 내가 믿는 것과는 상반되게 교회가 지혜와 학습된 지식을 훨씬 더 강조해왔기 때문에 나는 앞으로 전개할 내용에서 '권위 있는 기도'라는 맥락 속에서 성령의 도우심을 구하는 기도의 필요성과 유익에 초점을 맞추고 싶다.

기도할 때 성령님을 청하는가?

왕으로서 하는 통치적인 기도는 확실히 성령의 역사하심과 깊은 연관이 있다. 우리가 하나님의 뜻과 전략에 따라 제 역할을 하고 있다는 확신을 갖지 못한다면 과연 하나님이 주신 권위를 가지고 일하고 있다는 자신감을 가질 수 있을까?

그를 향하여 우리의 가진바 담대한 것이 이것이니 그의 뜻대로 무엇을 구하면 들으심이라 우리가 무엇이든지 구하는 바를 들으시는 줄을 안즉 우리가 그에게 구한 그것을 얻은 줄을 또한 아느니라. 요일 5:14~15

어떤 상황에서 기도를 하든지 보통 나는 '어떤 성경 말씀을 이 일에 적용할 수 있을까?' 또는 '성령님, 이 일에 대한 당신의 뜻과 전략은 무엇입니까?' 라는 생각을 맨 먼저 한다. 기도할 때 우리에게 가장 부족한 점은 성령님이 우리를 도우실 수 있도록 하는 것이다. 예수님은 당신이 이 땅을 떠나는 것이 우리에게 '유익' 인데 그렇게 하지 않으면 '보혜사' 가 오지 않을 것이기 때문이라고 말씀하셨다. 요 16:7 '보혜사' 란 말은 '도움을 주기 위해 곁에 있는 사람' 을 의미하는 헬라어에서 유래한다. 우리는 기도할 때 우리의 유익이 되신 성령님을 충분히 청하지 않는다.

예수님은 계속해서 우리에게 일들을 '알려주실' 성령님에 대해 말씀하셨다. 알리는 데 사용되는 용어인 '아낭겔로' anaggello는 똑같이 중요하고 뜻이 깊다. 접두사 '아나' ana는 '다시 …하다' 를 의미하고 '앙겔로' aggello는 '발표하다' 를 의미한다.[1] "어쩌면 '아나' 는 흐름의 특성상 '하늘' 과 같은 위를 향한다는 의미를 지니고 있다고 볼 수 있다. 회답하기 위해 말씀을 다시 떠올리는 것이다."[2]

그 의미는 분명하고 아무리 강조해도 지나치지 않다. 우리의 보혜사이신 성령님은 하늘의 조언과 전략을 우리에게 가져다주고, 하나님의 계획을 알려주기를 원하신다. 이런 일이 일어나는 만큼 우리는 성공하게 될 것이 분명하다. 잠언 16장 3절은 이에 동의한다.

"네가 하는 일을 주님께 맡기라-주님께 전적으로 맡기고 신뢰하라. [그가 너의 생각을 그의 뜻에 맞게 할 것이고] 그리하면 너의 계획이 이루어지고 성공할 것이다."AMP

다음은 보혜사의 능력과 도우심을 받아들일 때 거두는 성공에 대해 이야기하고 있다.

초자연적 사역 베델스쿨을 졸업한 브랜든이라는 한 젊은이가 워싱턴 주에 있는 친구들을 만나고 있었다. 그들은 한 음식점에 있었고, 여종업원이 주문을 받으려고 왔다. 브랜든은 그녀에 대해 마음속에서 감지되는 일들을 그녀에게 말했다. 그것은 그녀의 어머니와의 관계에서 비롯된 일들이었다. 여종업원은 깜짝 놀라고 너무나 감정이 복받친 나머지 잠시 어딘가 가서 숨을 돌려야 했다.

여종업원이 자리를 뜬 동안에, 브랜든은 한 아시아인 부부가 건너편 식탁에서 자신을 바라보고 있음을 깨달았다. 부인은 수근관증후군Carpal Tunnel Syndrome으로 고통 받고 있었기 때문에 손목보호대를 하고 있었고, 한 손은 아예 주먹을 쥔 채로 펴지 못하고 있었다. 브랜든은 부인에게 다가가 그녀를 위해 기도해도 될지 물었다. 부인은 불교신자이지만 기꺼이 기도를 받겠다고 말했다. 브랜든은 부인을 위해 기도했고, 그녀는 그 즉시 병이 나았다. 온 가족이 너무나 좋아하며 앉은 그 자리에서 예수님을 찬양하기 시작했다. 그들은 오랫동안 부인의 손이 낫게 해달라고 조상들에게 빌어왔지만 아무 소용이 없었다고 말했다. 브랜든은 예수님이 누구신지 설명했고, 그들은 놀라움과 감사함으로 복음을 받아들였다. 브랜든은 제자리로 돌아왔고, 치유를 받은 부인은 그날 저녁 내내 놀라움에 젖어 자신의 손을 쥐었다 폈다 하며 그 자리를 떠나지 못했다.

이윽고 여종업원이 다시 돌아오더니 브랜든에게 밖에 나가서 얘기를 나눌 수 있겠느냐고 물었다. 그녀는 혼란스럽기는 했지만 갈망하는 마음이 있었고, 하나님에 대해 더 알고 싶어했다. 브랜든은 성령님이 그녀의 삶에 대해 그에게 알려주신 더 많은 통찰들을 나누고 예수님의 사랑을 전했다. 그녀는 주님께 마음을 드렸고 그 즉시 성령이 충만해졌다. 그녀는 흥분하여 숨조차 제대로 쉴 수 없었고, 자신에게 일어난 모든 일들을 친구들에게 말하겠다고 힘주어 말했다.[3)]

성령님의 알려주심 없이는 여종업원의 구원도, 불교신자의 치유도 일어나지 않았을 것이다. 통치적인 중보기도는 하늘에 계신 왕의 뜻을 분별하고 그것이 땅에서 이루어지기를 강력히 주장하는 것이다. 하나님은 잃어버린 자를 사랑하시고, 그 사랑을 나타내 보이길 간절히 원하신다. 성령님은 우리가 그러한 기회를 만들어내길 원하시고 그 일을 간절히 돕고 싶어하신다. 하나님은 많은 방식으로 말씀하신다. 성경은 하나님이 전적으로 가장 먼저 사용하시며 유일하게 오류가 없는 도구이다.

그러나 하나님은 성령님의 힘을 빌려 우리 마음에 직접 말씀하길 원하시고, 꿈이나 이상, 예언과 같은 초자연적인 수단을 통해 말씀하기도 하신다. 또한 환경을 사용하기도 하신다. 하나님이 선택하신 도구가 무엇이든 간에, 그분의 음성을 듣는 것은 우리가 인생에서 승리자가 되는 데 있어도 되고 없어도 되는 선택 사항이 아니다.

스티브 가족은 비극과 고통 그리고 상실의 세월을 수년 동안 보낸 후에 경험한 하나님의 신실하심과 궁극적인 승리에 관한 간증을 나눈다.

남편 스티브와 저는 1984년에 결혼했고 예쁜 자녀 다섯을 두었습니다. 우리 아들 잭은 열한 살이 되기 바로 전에 희귀한 소아암이라는 진단을 받고 앞으로 5년 동안 살 확률이 20퍼센트에 지나지 않는다는 판정을 받았습니다. 그 아이는 수년 동안 화학치료와 방사능 치료를 받았고, 서른두 명의 외과의를 거쳤으며, 한 차례의 골수이식 수술을 받았습니다. 결국에는 아이의 다리를 골반 아래로 잘라내야 했죠.

우리 모두 병과 싸웠지만 잭만큼 힘들지는 않았을 겁니다. 저는 어떤 때는 모든 일들이 잘 될 거라는 믿음이 들었지만, 또 어떤 때는 일이 잘못될 것 같다는 두려움에 빠져 들었습니다. 2003년 4월 16일, 결국 아이는 예수님의 품에 안겼죠. 처음에 남편과 저는 아이의 고통이 끝났다는 안도감을 느꼈지만 곧 죄책감과 절망이 찾아들었습니다. 과연 내가 충분히 기도를 했는가 하는 회의가 들면서 심한 죄책감이 들더군요. 깊은 슬픔이 밀려왔고 이러다가 죽을 수도 있겠다는 생각이 들었습니다.

우리는 낙담과 실망, 분노, 악몽, 그리고 눈물바다 속에서 헤맸습니다. 소망과 평안, 기쁨은 어디에도 없었습니다. 게다가 다른 문제들이 생기며 일이 복잡하게 됐습니다. 항상 돈이 문제죠. 매일 똑같은 자리를 뱅뱅 도는 느낌이었습니다. 그러던 중 2005년 3월에 남편이 실직을 했습니다. 그이는 상당히 미안해하며 여러 직장에 응시를 했습니다. 그 가운데 용접 일을 하는 곳이 가능성 있어 보였죠. 오랫동안 해보지는 않았지만 교육을 받은 일이기는 했습니다. 하지만 대단히 실망스럽게도 그이는 시험에서 낙방하고 말았죠. 그이는 월마트에 취직을 했는데, 수입도 전보다 훨씬 못하다고 그 일을 싫어했습니다.

저는 마침내 이것으로 충분하다고 생각했습니다. 이제 뭔가를 새롭게 시작해야 한다는 것을 알았죠. 매사에 의기소침하고 소망이 없다보니 그동안 남편과 저는 최선의 것을 갖지 못한 것입니다. 우리는 완벽하게 불행한 가정의 표본이었죠. 기쁨도 소망도 없었습니다. 기쁨을 구해야 하는 일들에서 기쁨을 찾지 못한 것입니다. 겉으로야 어떻게 보였는지 몰라도 내면은 비참했죠. 우리는 도움이 필요하다는 결론을 내렸습니다. 성경과 성령님이 인도하시는 기도에 근거한 '신앙의 기초 회복하기'의 치유 프로그램이 생각났습니다. 그곳의 프로그램에 참여한다는 것은 마음을 열고 많은 것들을 내려놓아야 하다는 것을 의미하기 때문에 두려웠지만, 어쨌든 그곳에 가보기로 했습니다. 그와 같이 큰 수술을 하나님께 맡기는 일은 힘들었습니다. 치료를 하다보면 종종 상처가 나기도 하니까요. 특히 뭔가를 도려내야 할 때 말입니다. 남편도 처음에는 머뭇거렸지만 결국 그 프로그램에 참여하기로 했습니다.

그리고 변화가 일어나기 시작했습니다. 소망과 평안이 가정에 찾아들기 시작했죠. 하나님을 그분의 권위에 맞는 위치에 두면서, 그리고 우리를 하나님으로부터 멀어지게 하는 일들을 하나님께 기꺼이 맡겨 드리면서 상황이 달라지기 시작했습니다. 하나님은 항상 제자리에 계셨지만 그동안 우리는 그분보다 더 많은 권위를 다른 일들과 사람들에게 내주고 있었던 것입니다.

치유 프로그램을 마치기 일주일 전에 남편은 용접 회사로부터 전화 한 통을 받았습니다. 회사에서는 그이가 다시 응시하기를 원했고, 시험 날짜는 우리가 치유 프로그램을 마치고 사흘째 되는 날에 잡혔습니다.

그즈음 저는 직장을 잃고 다시 조금은 스트레스를 받고 있었지만, 남편의 경우는 달랐습니다. 남편과 아이들은 저를 위해 기도하기 시작했습니다. 우리 아이들은 예언을 하고 남편은 영적인 권위를 가지고 기도를 했답니다. 수년간 그이에게서 볼 수 없었던 모습이었죠.

다음날 남편은 용접 회사에 시험을 치르러 가며 직장을 얻게 될 테니 걱정하지 말라고 했습니다. 하나님과 저는 그날 아침에 많은 대화를 나누었고 저는 여전히 제가 실직 상태인 게 불안했습니다. 저는 제가 전업주부가 되기를 원하시는지 하나님께 여쭈었습니다. 그리고 남편이 직장을 구할 뿐만 아니라 필요한 돈 얼마를 벌 수 있게 해달라고 말씀드렸습니다! 남편은 직장을 얻었을 뿐만 아니라 제가 구했던 것보다 거의 20퍼센트 이상이나 되는 임금을 받게 되었습니다.

남편과 제가 변하자 집안의 모든 것이 달라졌습니다. 우리 가정은 완전히 딴 곳이 되었죠. 하나님은 우리의 공급자가 되어주실 뿐만 아니라 너무나도 많은 것들을 회복시켜 주셨답니다. 저는 말로 다할 수 없이 기쁩니다. 평안과 웃음과 소망이 매일같이 있답니다. 남편과 저는 함께 기도하고 있습니다. 우리 아이들도 함께 기도를 하고 하나님께 열심을 내고 있죠. 우리 가정은 텔레비전 시청보다 예배를 더 많이 드린답니다. 물론 우리의 치유도 계속되고 있고요. 하나님은 앞으로도 은혜롭고 온화하게 우리를 격려하실 것입니다. 우리는 항상 먼저 간 아들을 그리워하겠지만 우리 마음속 깊은 상처를 하나님은 치유해 주셨고 우리에게 평안을 주셨습니다.

하나님께 그분의 권위에 합당한 자리를 내어드렸을 때 그분은 두 팔을 벌리고 달려오십니다. 우리를 축복하시고 잃어버린 모든 것들을 회복시켜 주시는 것 말고는 아무것도 원하지 않으시죠. 놀라운 일입니다. 원수가 여전히 우리를 쓰러뜨리려고 하지만 주님은 우리가 믿기만 하면 모든 것들이 가능하다고 말씀하십니다. 우리 가족의 새 모토는 "문제는 실제로 문제될 게 전혀 없다. 그것은 다만 하나님께 찬양을 드리고 그분의 위대하심을 시험하기 위해 우리에게 주어진 하나의 기회일 뿐이다" 입니다.

우리의 삶은 완전히 바뀌었습니다. 이 느낌을 어떻게 설명해야 할지 정말 모르겠군요. 태양이 더 환하게 빛나는 것 같고 제 마음에 눌리는 것이 전혀 없답니다. 오직 기쁨과 평안뿐이죠.

변화된 스티브 가족의 이야기를 듣고 나는 대단히 감동

을 받았다. 많은 요소들이 비극을 딛고 승리한 그들의 이야기에 담겨 있다. 그들은 어쩔 수 없이 슬픔의 과정을 겪었지만 궁극적으로 하나님이 그 슬픔으로부터 그들을 꺼내시도록 의식적인 결단을 내려야 했다. 그들 스스로 말했듯이 그들은 자리를 떨치고 일어나 하나님을 '그분의 권위에 맞는 제자리' 에 모셔야 했다.

하나님은 당신 또한 성령님을 간절히 찾기를 원하신다. 아무리 어려운 상황에 처해 있을지라도 성령님은 당신에게 하늘의 전략과 통찰력을 기꺼이 알려주시어 당신의 가슴팍을 짓누르는 사탄과 적대적인 환경들을 걷어낼 수 있도록 하신다. 당신의 운명은 예수 그리스도 나라의 권위를 통해 삶에서 승리하며 왕다운 전사가 되는 것이다.

당신은 그렇게 할 수 있다!

11장

하나님이 개입하실 문을 열라

마태복음 16장 18절에서 예수님은 교회를 세우고 영적 전쟁을 수행하는 것에 대해 말씀하신다. 본문에서 베드로는 예수님이 메시아이자 하나님의 아들임을 막 고백한 터였다. 예수님은 그를 가리키며 “내가 이 반석 위에 내 교회를 세우리니”라고 말씀하셨다. 영어성경AMP은 예수님이 영적인 전쟁에 대해 말씀하고 계시고 당신의 교회를 베드로 위, 곧 반석 위에 세우겠다고 말씀하고 계심을 분명히 한다.

"내가 너에게 말하노니 너는 베드로이다. 이 반석 위에 나는 내 교회를 세우겠다. 지옥의 문들 지옥의 권세들이 그것을 이기지 못할 것이다. 또는 그 손실에 강경하거나 그것에 맞서 버티지 못할 것이다."

'지옥의 문들'과 관련해 나는 케네스 위스트의 "보이지 않는 세계의 목적이 그것을 이기지 못할 것"이라는 번역을 좋아한다. 그런 다음 예수님은 우리에게 '하늘에 속한 곳'이라고 불리는 보이지 않는 영역에서 매고 풀 수 있는 열쇠 또는 권위를 우리에게 주시겠다는 유명한 약속을 하신다.

너무나도 자주 우리는 아무런 준비 없이 교회를 세우고 사탄의 계략에 맞서 싸우려고 한다. 이것은 헛된 일이며, 그 결과 많은 영역에서 성공을 거두지 못한다. 하나님이 주시는 분별력이 필요하다.

이러한 분별력과 관련해 내가 좋아하는 성경 구절 가운데 하나는 역대상 12장 32절이다.

"잇사갈 자손 중에서 시세를 알고 이스라엘이 마땅히 행할 것을 아는 두목이 이백 명이니 저희는 그 모든 형제를 관할하는 자며."

이 구절에서 '시세'란 히브리어로 전략적이거나 알맞은 시간을 의미한다. 단어 공부를 좋아하는 사람이라면 헬라어 '카이로스' kairos가 이 히브리어의 동의어임을 알 것이다.

우리는 이것이 전쟁에 관한 구절임을 알아야 한다. 자주 인용되는 구절이지만 그러한 국면은 무시될 때가 많다. 12장 1절은 "그에게 와서 싸움을 돕는 용사 중에 '든 자'가 있었으니"라는 말로 다윗의 용사들을 나열한다. 그 장의 결론 부분에서 우리는 이 모든 사람들이 군사들이었음을 38절 다시 한 번 떠올리게 된다. 이것의 의미를 부디 잊지 말라. 시세를 아는 능력, 즉 무엇을 해야 할지 아는 능력은 전쟁과 관련이 있었다. 이것이 우리에게 시사하는 바가 있다. 영적인 전쟁에서 능력을 발휘하려면 시세를 분별하는 능력이 매우 많아야 한다는 것이다.

시세를 '안다'는 것에 해당하는 히브리어 또한 중요하다. 이것은 학습된, 지적인 지식이나 지혜 이상의 것이다. 그것은 분별력으로서 영적으로 전해진 지식이다. 이와 같은 단어가 쓰인 다른 몇몇 구절들이 이 사실을 확증해준다.

- 열왕기상 3장 9절에서, 솔로몬은 하나님께 '분별하는' 능력을 구했다.
- 다니엘서 1장 17, 20절에서, 다니엘은 이상과 꿈들을 풀이하는 '명철'을 받았다.
- 8장 15~16절에서, 다니엘은 이상을 풀이하는 '명철'을 구했다.

- 9장 22절에서, 다니엘은 천사에게 '지혜'와 '총명'을 받았다. '총명'이라는 표현이 매력적이지 않은가? 이 말은 에베소서 1장 17절의 '지혜와 계시의 정신'과 연관된다.
- 10장 1절에서, 다니엘은 하나님이 주신 이상을 풀이하는 '명철'을 얻었다.

잠언 3장 5절에서 하나님은 "네 명철을 의지하지 말라"고 말씀하신다. 그러나 하나님은 지혜나 상식을 저버려야 한다고 말씀하지 않으신다. 다만 무엇을 해야 할지 알기 위해 우리 인간의 분별력에 의지하지 말라고 말씀하고 계신다. 영적인 전쟁대상 12장에서 승리하기 위해 무엇을 해야 할지 알고자 한다면, 우리는 영적인 계시 곧 하나님이 주시는 명철과 총명을 받아야 한다.

바울은 디모데에게 "전에 지도한 예언을 따라 그것으로 선한 싸움을 싸우[라고]"딤전 1:18 말했다. 다윗은 여호와의 명을 따라 블레셋에 맞서 싸웠다.삼하 5:23~25 엘리야는 하나님이 주신 계시와 전략으로 이세벨을 이겼다.왕상 17~18장

역대하 20장에서 이스라엘은 하늘의 전략을 받아 침략해 온 군대를 물리쳤다. 야하시엘이라는 선지자는 그들에게 전쟁에 필요한 여호와의 계시를 주었다.14~17절 전쟁에 나

가기 전에 이스라엘 백성들에게 여호사밧 왕이 지시하는 것을 잘 들어보라.

"유다와 예루살렘 거민들아 내 말을 들을지어다 너희는 너희 하나님 여호와를 신뢰하라 그리하면 견고히 서리라 그 선지자를 신뢰하라 그리하면 형통하리라." 20절

이스라엘 백성들이 전쟁에서 이기기 위해 하늘로부터 오는 하나님의 전략에 귀를 기울여야 했다면, 우리 또한 영적인 전쟁에서 그와 같은 일이 필요한 게 당연하지 않겠는가? 그렇지 못하다면 우리는 패배하고 말 것이다.

하나님의 전략에 귀를 기울이지 않는 것은 책망받을 일이다. 누가복음 12장 54~56절에서, 예수님은 시대를 알지 못하거나 분간하지 못하는 바리새인들과 예루살렘의 종교 공동체를 책망하셨다. 이것은 그들의 마음이 굳어져서 일어난 일이기 때문에 그들은 축복 대신 큰 심판을 받았다. 예수님은 예루살렘을 향해 본질적으로 이렇게 말씀하셨다.

"내가 긴요히 너희를 방문하기를 원했지만 너희가 그때를 알지 못했기 때문에 내가 원했던 것을 받지 못했다." 눅 19:44

하나님이 주시는 명철이 없다는 것은 곧 하나님이 우리를 방문하지 않으신다는 의미이다.

하나님의 뜻 헤아리기

초기의 교회 지도자들이 그랬던 것과 똑같이 선지자의 기름부음을 반대하는 교회들이 지닌 특징적인 태도가 하나 있다. 이것은 지극히 위험한 태도이다. 그들이 선지자의 기름부음을 거절했다는 것은 그리스도가 지닌 한 국면을 거절했다는 것이다. 그분은 우리에게 선지자의 기름부음이라는 의미를 갖는다. 요한계시록 19장 10절에 따르면, 예수님의 증거는 대언의 영에 있다. 선지자로서의 임무와 권한은 그리스도의 다섯 가지 기름부음 가운데 하나이다. 엡 4:7~12

다음은 하나님의 전략에 귀를 기울이지 않아 하나님이 주시는 명철을 잃는 것이 곧 하나님의 심판이 될 수 있음을 알려주는 또 하나의 구절이다.

"아이 사무엘이 엘리 앞에서 여호와를 섬길 때에는 여호와의 말씀이 희귀하여 이상이 흔히 보이지 않았더라." 삼상 3:1

"선지자의 기름부음을 거절했다는 것은 그리스도가 지닌 한 국면을 거절했다는 것이다. 그분은 우리에게 선지자의 기름부음이라는 의미를 갖는다."

배교와 제사장의 죄 때문에 하나님은 이스라엘에 하나님의 뜻을 드러내 보여주지 않으셨다. 그러나 사무엘은 참 예배자였기에 모든 것에 변화가 올 것을 알 수 있었고, 하나님은 이러한 사무엘을 통해 하나님의 저주를 거두시고 새로운 계시의 때를 회복시키셨다.

몇 달 전에 주님이 나를 기도하는 한 사람으로 부르신 일은, 주님이 영적인 전쟁 속에서 어떻게 우리를 이끄시는지 보여주는 좋은 예이다. 하나님은 내게 하나님의 뜻을 보여주시기 위해 온갖 일을 다 하셨다. 내 어린 친구, 크리스탈 하몬Crystal Hamon이 2003년 하반기에 받은 그 꿈으로 모험담은 시작된다. 그 꿈의 내용은 이러했다.

루 잉글과 더치 쉬츠가 연회나 그 밖의 모임으로 쓰이는 한 건물에 함께 있었다. 루는 주변 사람들에게 기도와 금식에 대해 이야기하고 있었는데 사람들이 귀 기울이지 않고 그저 떠들고 먹기만 하자 점점 좌절하고 말았다. 한편 더치는 개인들에게 말을 걸었고 그들은 그의 말에 귀를 기울였다.

장면은 바뀌어 더치가 루에게 다가가 내 눈에는 보이지 않는 뭔가를 건네주며 이렇게 말했다.

"받게, 루. 자네가 이것을 치면 사람들이 자네 말에 귀를 기울일 걸세."

더치는 루에게 눈에 보이지 않는 물체를 칠 수 있는 지휘봉까지 건넸다. 더치가 시키는 대로 루는 지휘봉으로 그 물체를 쳤고 그 소리가 방 전체에 울려 퍼졌다. 소리가 들리자 모두들 루에게 집중하기 시작했다.

꿈속에서 루가 더치를 향해 몸을 돌리자 그가 치고 있는 물체가 눈에 들어왔다. 그것은 '정의의 저울' 이었다. 루는 더치에게 이렇게 말했다.

"이 소리는 3월 1일까지 계속 커져갈 걸세."

다니엘처럼 그 꿈을 풀이할 통찰력을 달라고 주님께 간구하면서 우리는 뭔가 중요한 느낌을 받았다. 정의의 저울은 확실히 법원을 말하는 것이었다. 저울을 두들긴다는 것은 중보기도를 떠올리게 했다.

히브리어로 중보기도는 '파가' paga로서 '표시된 곳을 치다' 라는 의미를 갖는다. 지휘봉은 '동의' 를 가리키는데, 헬라어로 '동의' 란 말은 '섬포네오' sumphoneo로서 그 말에서 '심포니' symphony, 조화라는 말이 유래했다. 루와 내가 함께했다는 것과 내가 그에게 이러한 것들을 주었다는 것은 확실히 이 일에 우리가 동역할 필요가 있음을 의미했다.

이 꿈을 통해 얻은 계시에 순종하는 의미로 루와 나는 법원에 변화가 일어나도록 40일간 기도하고 금식하는 기도 운동에 협력해달라는 편지를 중보기도자들에게 보냈다.

진짜 흥미로운 일은 지금부터이다. 40일이 끝나갈 무렵 나는 영국에 사역을 하러 갈 예정이었다. 그런데 2월 27일, 떠나기로 한 전날 밤에 나는 내 여권에 적힌 만료 날짜를 보고는 내가 지난 몇 년 동안 그 날짜를 잘못 읽고 있었음을 깨달았다. 날짜가 두 가지 다른 언어로 쓰여 있는 바람에 헷갈린 것이었다. 내 여권은 만료 기한이 지나 있었다! 믿을 수가 없었다. 이렇게 얼간이 같고 난처한 일이 있나. 화가 나고 정신이 아득해졌다. 컨퍼런스에 나를 초청한 사람들에게 나는 무슨 짓을 한 것인가. '무조건 가야 돼' 라는 생각뿐이었다.

그러나 아내와 딸 한나는 다른 반응을 보였다. 내가 여권 만료 기한이 끝난 것을 깨달은 바로 그 순간부터 그들은 여기에는 하나님의 섭리가 있을지 모른다고 말했다. 나는 이를 받아들이지 않고 이렇게 말했다.

"아니, 단지 내가 어리석은 탓이야. 내가 이런 실수를 하다니 믿을 수 없군. 어처구니가 없네. 한두 번 여행 다닌 것도 아닌데. 날짜 읽는 법을 알아야 했어. 어떻게 지난 몇 년간 날짜를 잘못 읽을 수가 있었던 거지?"

"아니에요. 이 일에는 하나님이 계세요. 아빠는 그분이 하고 계시는 일에 주의를 기울이셔야 해요."

예언의 은사를 가지고 있는 한나는 단호하게 말했다.

애당초 떠나기로 되어 있던 다음날 아침 나는 일찍 일어나 미 여권국에 전화를 걸었다. "어떻게 해야 여권을 빠르게 갱신할 수 있을까요?"라고 물었다.

"미 여권사무실 가운데 한군데에 전화를 하여-그녀는 거의 열 개나 되는 도시 이름들을 죽 불러주었다-예약을 할 수 있는지 알아본 후, 그곳에 가서 절차를 밟으시면 됩니다. 별 문제가 없다면 새 여권을 발급받으실 수 있습니다. 하지만 빨리 예약하기가 어려울 겁니다. 대부분은 예약이 여러 날 동안 꽉 차 있고 가끔 몇 주씩 걸리기도 하니까요"라고 직원이 말했다.

최소한 하루나 이틀은 컨퍼런스에 늦을 판이었다. 그나마 별일이 없다면 말이다. 그런데 나는 컨퍼런스 후반부의 주 강사였기 때문에 내가 강의하는 시간대에 거의 맞추어 그곳에 갈 수 있겠다는 생각이 들었다. 여권을 발급해주는 도시들 가운데 한군데에 즉시 예약을 할 수만 있다면, 그곳에 가는 비행 편을 확보할 수만 있다면, 영국행 비행 편을 새로 예약할 수만 있다면 말이다.

나는 전화를 받는 직원에게 이렇게 물었다.

"말씀하신 도시들 가운데서 제가 예약을 즉시 할 수 있을 곳을 추천해 주시겠어요?"

직원은 잠시 생각하더니 "필라델피아로 한번 시도해 보세요"라고 대답하였다.

나는 수화기를 내려놓고 다시 필라델피아에 전화를 걸었다. 놀랍게도 그곳은 다음날 아침 아홉 시에 문을 연다고 했다. 사람과 통화를 한 게 아니기 때문에 나의 사정을 말한다거나 시간대를 조정할 수는 없었다. 컴퓨터로 처리된 일람표에서 얻을 수 있는 것이라고는 이미 정해진 일정뿐이었다.

나는 다음날 아침 여권사무실에 가기 위해 그날 밤 늦게 필라델피아로 떠났다. 또한 여권을 갱신하기만 하면 그날 오후에 영국으로 떠나는 새 비행 편을 구할 수 있었다. 그날 아침 여권사무실로 가는 길에 놀랍게도 그곳이 자유의 종과 법원에서 불과 한 블록 거리에 있다는 사실을 알았다. 그곳은 우리나라 정부가 형성된 장소이다. 그곳에서 수차례 기도를 한 적이 있어 그곳은 내게 매우 특별한 장소였다. 택시를 타고 가면서 이런 생각이 들었다.

'오늘 이곳에서 잠시라도 기도를 하면서 시간을 보낼 수 있다면 얼마나 멋질까?'

한 시간 남짓 후, 나는 서류에 필요한 사항들을 기재하는 중에 갑자기 내가 적고 있는 날짜가 3월 1일, 법원을 위한 40일 기도 운동의 마지막 날, 절정의 날임을 깨달았다. 지난 이틀을 경황없이 지내는 가운데 그 사실을 새까맣게

잊고 있었던 것이다.

'이렇게 창피한 일이 있나. 절정의 날인데 기도하기는 커녕 이런 곤경 속에서 헤매고 있다니…. 여기서 이런 일을 하는 대신에 기도할 수 있다면 얼마나 좋을까?'

그러자 실제로 이런 생각이 들었다.

'법원에 가서 기도하며 일을 마무리하게 된다면 재미있겠는걸? 한나의 말이 옳았고, 내가 이곳에 있는 것을 하나님이 원하시는 게 아닐까? 아니야. 그럴 시간이 없어. 이 일을 끝내려면 오전 내내 여기 있어야 하고, 그런 다음 런던에 가는 비행기를 타러 공항에 달려가야 하잖아. 그나마 시간 내에 여권이 나온다면 말이지. 아니야. 기도하기 위해 내가 여기에 온 것이라면 좋겠다. 하지만 그런 일은 없을 거야.'

구비 서류를 완성하여 창구에 내자 직원이 내 정보를 모두 훑어보더니 이렇게 말했다.

"이제 두 시간을 기다려야 합니다. 어디 다른 데 가서 두 시간 있다가 오세요."

"제가 여기 있을 필요가 없나요?"라고 나는 물었다.

"여기 계실 필요 없으세요. 두 시간 후, 오전 11시에 오세요"라고 직원은 말했다.

그 직원의 말을 들으면서 나는 하나님이 강력한 방법으로 임재하고 계심을 느끼기 시작했다. 성령님의 기름부음이 다가오는 것을 느끼며 등줄기에 소름이 스치고 지나갔다. 문득 이 모든 일이 실제로 하나님께서 조정하고 계시는 일임을 마음속으로 알게 되었다. 하나님은 내가 여권의 만료 날짜를 잘못 읽게 하셨고 그래서 이 절정의 날에 기도하라고 나를 필라델피아에 보내셨던 것이다. 그러나 내가 정확히 무슨 일을 하기를 하나님이 원하시는지 나는 여전히 몰랐다.

우선 나는 자유의 종이 있는 곳으로 걸어가서 그 종 위에 적힌 말씀인 "제오십년을 거룩하게 하여 전국 거민에게 자유를 공포하라 이 해는 너희에게 희년이니 너희는 각각 그 기업으로 돌아가며 각각 그 가족에게로 돌아갈지며"레 25:10라는 구절을, 미국을 향해 선포했다. 그런 후 법원에 들어가 그곳을 두루 다니며 기도하기 위해 견학 신청을 했다. 견학이 끝났는데도 여전히 임무를 완수하지 못했다는 생각이 들었다. 그러나 뭐가 남은 것인지 정확히 알 수 없었다. 나는 계속해서 주님께 여쭤보았다.

"제가 무슨 일을 하길 원하십니까?"

법원 바깥으로 나와 주변을 계속해서 혼자 걸으면서 기

도했지만 성령님이 원하시는 것을 알 수 없었다. 마침내 그곳을 떠날 때가 되었을 때 전에 한 번도 들어가본 적이 없는 근처의 한 건물이 눈에 들어왔다. 이곳에 머물고 있는 내내 있는지조차 몰랐던 건물이었다. 기도하며 그 주변을 걷는 동안에 그 안에 들어갔다가 나오는 사람은 한두 명밖에 없었다. 어떤 건물인지 궁금했지만 문에는 아무런 표시가 없었고 그 건물이 어떤 곳인지 가리키는 안내판도 전혀 없었다. 성령님이 등을 떠밀며 내 마음에 이렇게 말씀하시는 음성이 들렸다.

"들어가봐라."

과연 그렇게 해도 되는지도 모르면서 나는 그 말씀에 순종하기로 했다. 건물 안에 들어가자 수위 한 명이 있었고, 매우 오래되었지만 원 상태를 잘 보존한 법정이 나왔다. 그곳에서 나는 다시 놀라운 기름부음을 느끼며 이 일이 대단히 운명적이라는 생각이 들기 시작했다.-주님이 주시는 전략적인 임무 앞에서 나는 이렇게 설명하기 힘든 느낌을 받는다-"여기가 어떤 곳입니까?"라고 나는 수위에게 물었다.

"여기는 최초의 연방대법원 자리입니다. 여기에서 모든 것이 시작되었죠"라고 그는 말했다. 내 귀를 믿을 수 없었다. 놀란 나는 이렇게 되물었다.

"여기가 미국의 연방대법원이 탄생한 곳이라고요?"

"네, 바로 여기, 이 방에서 연방대법원이 시작되었죠."

나는 할 말을 잃었다. 바로 그 시간에 꿈속에서 내 상대역이었던 루 잉글이 현재의 연방대법원 건물에서 젊은이들 무리와 함께 중보기도를 통해 '정의의 저울을 치고 있음'을 나는 알고 있었다. 그런데 꿈속의 또 다른 인물인 나는 절정의 날에 여기 최초의 미국 연방대법원 안에 서 있는 것이었다.

하나님은 놀라운 주권 속에서 우리나라가 탄생하고 사법권이 시작된 곳에 나를 데려다놓기 위해 이 일련의 일들을 주관하셨다. 루가 현재의 연방대법원에서 하나님의 뜻을 선포하는 동안에 나는 그 근원지로 가고 있었던 것이다.

그분은 기다리신다!

나는 매우 거룩하고 중요한 임무를 맡고 있었다. 하나님은 당신의 말씀을 선포하고 그 원래의 취지로 돌아오라고 명하며 미국의 연방대법원을 '치라고' 나를 그곳에 보내신 것이다. 나는 연방대법원이 하나님의 날개 밑으로, 주님을 두려워하는 마음으로 되돌아오게 하기 위해 다시 한 번 미국 대중의 삶에서 하나님을 쫓아내지 않고 환영하며 그분을 높여 드리는 정부 기관이 되도록 명령하기 위해 그곳에 가게 된 것이다. 나는 법원이 다시 생명과 도덕성을 존중하는 곳이 되는 것을 선포했다. 그 일은 매우 조용히 이루어졌고 내 모습은 일개 관광객처럼 보였겠지만, 나는 미국의 연방대법원을 위해 하나님의 나라가 임하고 그분의 뜻이 이루어지며 그분의 목적들이 회복되기를 명하며 그러한 일들을 했다. 그야말로 절정의 날이었다!

하나님이 이 모든 일들을 행하신 것과 내가 한 말들이 영향력이 있다는 것을 나는 정말로 믿는가? 물론이다! 우리는 지금 그 변화를 보기 시작했다. 그것이 단순히 나의 기도뿐만 아니라 다른 수많은 사람들의 기도 덕분임을 안다. 그러나 이런 경우가 대개 그러하듯, 하나님은 당신의 거룩한 법령을 나아가 선포할 누군가를 필요로 하신다.

하나님의 주권으로 하나님은 해외 출장에 개입하시고, 무슨 일이 일어나는지 모르는 한 여권국 직원의 마음을 움직여 내게 필라델피아로 가라고 조언하게 하셨다. 하나님은 내가 적절한 바로 그 시간에 그곳에 있도록 하시기 위해 시간을 비워 놓으셨고, 존재하는지도 몰랐던 건물로 나를 인도하셨다. 이 모든 것은 하나님의 목적을 그곳에서 선포하기 위함이었다. 그런 후 그분은 나를 제시간 내에 컨퍼런스에 갈 수 있도록 하셨다. 나는 한 강의도 놓치지 않았다. 대단하신 하나님이 아닌가! 우리가 하나님을 대표해 왕답게 통치적인 중보기도를 하기를 하나님이 원하시고 그런 일을 필요로 하신다는 증거가 아닐 수 없다.

보혜사는 지금도 당신에게 하나님의 뜻과 전략을 알려주기 위해 기다리고 계신다. 그렇게 하기 위해 그분은 무슨 일이든 하실 것이다. 그분의 도움을 구하라. 그분은 당신이 도움을 청하기를 기다리신다.

12장

다스림의 수준을 높이라

나는 수학을 꽤 잘하는 편이어서 거의 계산기로 통했다. 하지만 왠지 내 인생의 세 여인들아내와 두 딸이 쇼핑을 하고 집에 돌아올 때면 간단한 산수도 따라가지 못하는 것 같다. 그래도 좀 나아진 면이 있기는 하다. 여전히 그들의 수학 방식을 이해하지는 못하지만 이제는 그들이 돌아왔을 때 "돈을 얼마나 절약했어?"라는 적절한 질문을 할 자신은 있다.

한번은 "돈을 얼마나 썼어?"라고 묻는 실수를 저질렀다가 바로 교훈 하나를 얻었다. 그 질문은 적절치 않았다.

지금은 16살인 한나가 엄마와 쇼핑을 하고 집에 돌아오자마자 얼마나 쇼핑을 잘했는지 설명할 때면 나는 이렇게 말할 수 있다.

"잘했구나. 이번에는 돈을 얼마나 절약했니?"

한나는 옷들의 원래 가격과 세일 가격을 하나하나 읊어대더니 끝에 가서는 결국 150달러를 절약했다고 말했다. 나는 몹시 기뻤다. 딸 역시 기뻐했고 내게 매우 만족했다.

"어떻게 이런 계산이 나왔는지 이해하시다니 참 많이 발전하셨어요, 아빠."

"그렇고 말고."

실제로 나는 이런 식의 계산법을 이해하지 못하지만 하나님이 여자라는 존재를 더 우수한 수학 기술을 가진 존재로 만드셨음을 안다. 또한 쇼핑에 대한 나의 무지함으로 인해 집안에서의 권위가 깎일 수 있음을 매우 잘 알고 있다. 우리 가족의 생활 속에는 내가 보다 큰 권위를 가지고 있는 영역들은 따로 있다. 이를테면 TV 리모컨, 차고, 쓰레기 처리 같은 분야들 말이다.

모든 그리스도인들이 그리스도의 이름 안에서 일하는 권한을 똑같이 갖고 있다는 것은 흔히들 하는 잘못된 생각이다. 실제로는 그렇지 않다. 예수님을 따르는 자로서 우리가 영향력을 발휘하는 영적인 권위의 다양한 수준을 결정하는 몇 가지 원리들이 있다. 이 장에서 이 일곱 가지 원리들에 대해 말하겠다. 이 원리들을 안다고 해서 쇼핑 방식을 둘러싼 남녀의 이해 차이를 좁힐 수 있는 것은 아니지만, 적어도 기도에 관한 몇 가지 혼란은 덜 수 있을 것이다.

첫째, 그리스도께 순종할 때 나의 권위가 커진다.

기도할 때 갖는 권위의 수준을 결정하는 첫 번째 원리는 바로 그리스도와의 관계, 즉 우리의 구원이다. 신자들마다 어떤 행동들을 할 때 각기 다른 수준의 권위를 가지고 활동하지만, 그들 모두는 예수님의 이름 안에서 아버지께 다가갈 권위를 똑같이 가지고 있다. 당신보다 더 하늘 아버지 앞에 나아갈 권위를 많이 갖고 있는 그리스도인은 없다. 그리스도의 공급하심에 당신보다 더 가까이 다가갈 수 있는 그리스도인은 없다. 하나님께 2등급 자녀란 없다. 우리 모두는 동등한 입장에 서 있고, 예수님의 이름으로 아버지께 간구하고 우리에게 주신 성경의 약속들을 요구함에 있어 똑같은 수준의 권위를 가지고 있다.

이처럼 우리 모두는 그리스도의 이름 안에서 하나님 아

버지께 똑같이 다가갈 수 있지만 여기에는 변수가 있다. 그 변수들은 우리가 아버지의 말씀에 얼마나 순종하느냐, 죄로부터 얼마나 자유로우냐와 관련이 있다. 이러한 것들은 아버지의 축복을 구하며 그분께 다가가는 우리의 권리에 영향을 미칠 수 있고 또 실제로 미치고 있다.

우리가 하나님 앞에서 어느 정도의 권위와 권리를 갖느냐는 우리가 얼마나 순결하느냐와 관련이 있다. 성경은 이러한 사실을 가리키는 구절들로 가득하다. 그 구체적인 예로, 성경은 깨끗한 손과 청결한 마음을 가진 사람이 하나님과 그분의 보좌에 다가갈 수 있다고 말한다. 시 24:3~4, 요일 1:5~10

요한계시록 2장에서 하나님은 이세벨의 영과 타협한 것에 대해 두아디라에 있는 교회에게 말씀하셨다. 하나님은 이 영을 허용한 그들에게 화가 나셨다. 하나님은 그들에게 이런 태도를 바꾸라고 도전하시면서 26~27절에서 이렇게 말씀하셨다.

"이기는 자와 끝까지 내 일을 지키는 그에게 만국을 다스리는 권세를 주리니 그가 철장을 가지고 저희를 다스려."

두말할 것도 없이 하나님은 우리가 누릴 권위의 정도를 우리가 순결한 정도와 연결시키고 계신다. 특정한 악한 영이 우리 인생에 영향을 끼치도록 타협하거나 이를 허락한다면, 우리가 하나님 아버지께 우리 자신과 다른 사람을 위해 탄원할 때 가질 수 있는 권위는 줄어들 것이다.

삼손은 이 사실을 잘 보여주는 또 다른 예이다. 데릴라와 타협한 그는 결국 권위와 능력을 잠식당했고 사역과 자유, 시력, 그리고 운명마저 대가로 치러야 했다. 주님께 순종하는 것은 전적으로 그분 앞에서 우리가 갖는 권리들을 결정한다. 순종하면 권리를 누리지만 불순종하면 권리가 멀어진다.

둘째, 나의 삶에 나 자신보다 더 큰 권위를 가진 사람은 없다.

우리가 갖는 권위의 수준과 관련된 두 번째 원리는 이른바 동심원 확장의 원리이다. 작은 원 하나를 중심으로 계속 커져가는 동심원들을 그려보라. 가운뎃점을 중심으로 점점 더 큰 원들이 그려진 과녁과 상당히 비슷한 모습이다. 우리의 논의에서 맨 안쪽에 있는 원은 개개인을 나타낸다. 원들은 점점 더 커질수록 그 안에 더 많은 사람들과 더 큰 영역들을 포함한다. 반면 원들이 늘어날수록 우리는 그것을 다른 사람들과 나누어야 하기 때문에 각자가 가지는 권위는 줄어든다. 두 번째 원은 한 개인의 가족을 나타낸다고 볼 수 있고, 세 번째 원은 도시를, 그 다음 원은 국가를 나타내는 식이다. 다시 말해, 동심원들이 바깥으로 확장되어 갈 때 우리 개인이 갖는 권위는 줄어든다.

"어느 누구도 당신보다 더 당신의 삶에 더 많은 권위를 갖는 사람은 없다. 당신 자신보다 더 큰 권위를 가지고 당신을 위해 기도할 사람은 없다."

어느 누구도 당신보다 더 당신의 삶에 더 많은 권위를 갖는 사람은 없다. 당신 자신보다 더 큰 권위를 가지고 당신을 위해 기도할 사람도 없다. 우리는 자유 의지와 선택할 권리를 가지고 태어났고, 어른으로 성숙되어 가면서 이러한 자유는 늘어난다.

하나님이 관련되어 계시는 한, 누구도 우리로부터 그 자유를 빼앗아갈 수 없다. 그런데 권위만 그런 게 아니라 책임 역시 그러하다.

1980년대 초반에 내 손에 수많은 사마귀들이 돋았다. 생각해보면 한 30~40개 정도는 되는 것 같았다. 의사들과 상담을 해보았지만 그들은 그 사마귀들을 떼어내는 것을 주저했다. 사마귀 몇 개는 손톱 가까이에 났고 어떤 사마귀는 실제로 손톱을 먹어 들어가고 있었다. 오른쪽 검지 손톱은 불과 반밖에 남지 않았다. 몇몇 손톱 살은 하나의 거대한 사마귀가 되어 사라져 버렸다. 신경 쓰이고 짜증나는 일이었다.

나는 이것을 낫게 해달라고 주님께 열심히 구했고, 성경에 나오는 치료의 절차 전부는 아니지만 대부분을 따라해 보았다. 교회 장로들에게 기도 부탁을 했고약 5:14~15, 나 자신에게 손을 얹어보기도 했다.막 16:18 다른 사람과 함께 기도도 했다.마 18:19~20 성령의 은사, 특히 선포하는 방식으로 치유의 은사를 베푸는 예배에 참석하기도 했지만고전 12:9 효과는 없었다.

어느 날 주님은 내 마음속에 아주 분명하게 말씀하셨다.

"나는 다른 누군가의 기도나 믿음에 근거해 너의 손을 고쳐주지는 않겠다. 너는 믿음의 선한 싸움을 싸워야 하고 스스로 이 치유를 붙들어야 한다. 나는 너를 잘 가르쳐왔다. 너는 수년간 많은 가르침을 받아오지 않았느냐? 많은 것을 받은 네게, 많은 일을 해야 하는 네게 내가 이 일을 하기를 명한다."

이것은 비정하거나 야박한 말씀이 아니다. 주님은 여느 사랑 많은 아버지처럼 이런 말씀을 하신 것이다. 성장할 수 있도록 나를 도우시고, 내게 요구하고 계시는 것이다. 하나님 아버지는 우리가 영적으로 어린아이에 머무는 것을 원하지 않으신다.

나는 하나님이 가르쳐주신 것을 실행에 옮기기 시작했다. 우리는 역경의 산에게 말할 수 있고 없어지라고 명령할 수 있다.막 11:23~24 나는 거의 30일 동안 매일 몇 차례씩 그 일을 했다. 내 손을 바라보며 이렇게 말하는 것이다.

"나의 치유를 위해 고난을 참으신 예수님과, 이 사마귀들을 질책할 권리가 내게 있다고 하시는 하나님의 말씀을 따라 내가 지금 명하노니 너희 사마귀들은 예수의 이름으로 내 손에서 떠나가라."

바보짓처럼 보이는가? 아마도 그럴 것이다. 우리의 현실적인 사고방식으로 보면 많은 영적인 일들과 지침들이 미련하게 보인다.고전 2:14 그러나 어찌되었든 나는 그 일을 했고 결과가 그 효과를 입증했다.

거의 2주가 지나서 사마귀들은 줄어들기 시작했다. 크기도 급격히 작아졌다. 그 다음 2주가 지난 후에는 사마귀들이 모두 사라졌고 새 손톱 살과 손톱이 자라났다. 그러니까 총 4주 만에 이런 일이 일어난 것이다. 그야말로 창조적인 기적이었다!

내가 이 이야기에서 하고 싶은 말은 간단하다. 어느 누구도 당신보다 더 당신을 위해 기도하고 하나님의 말씀을 붙들 권위를 가진 사람은 없다는 것이다. 때때로 하나님은 어떤 일들을 수행하실 때 다른 사람의 기도와 믿음에 근거를 두지 않으시고 우리에게 직접 그 권위를 쓰라고 요구하실 것이다.

다시 말하지만, 바깥 동심원으로 나아갈수록 우리의 권위는 줄어든다. 가족 구성원들이 각자 하나님과 관계를 맺으며 개인적으로 권위를 가지기는 하지만 우리에게는 또한 그들을 위해 기도할 권위가 있다. 하나님은 아내와 자녀들을 보호하고 지킬 책임을 내게 주셨고, 이런 책임을 가지고 그들을 위해 기도하는 것은 내가 누릴 수 있는 크나큰 권위이다.

오래전에 들은 한 남자의 간증이 생각난다. 하나님이 자녀들을 위해 기도하라고 우리에게 주신 권위에 관한 내용이었다. 그의 딸은 손에 수십 개의 종양들이 났는데, 아마도 그것 역시 사마귀였을 것이다. 어느 날 그가 기도하고 있을 때 주님은 그에게 강력하게 말씀하셨다.

"네 딸의 손에 난 그 사마귀들을 언제까지 두고 볼 작정이냐?"

주님이 화가 나신 것처럼 말씀하시자 그 남자는 몹시 놀랐고 조금은 겁도 났다. 주님은 다시 그에게 말씀하셨다.

"네게는 네 딸을 지키고 보호할 권위가 있다. 딸의 손에서 사마귀를 떠나가게 하는 권리를 가지고 있단 말이다. 너는 그것들을 언제까지 두고 볼 작정이냐?"

소녀의 아버지는 이 말씀을 진지하게 받아들여 내가 나 자신에게 했던 바로 그것처럼 매일 하루에 몇 차례씩 사마귀들더러 딸의 손에서 떠나가라고 명령하기 시작했다. 충성스럽게 순종하는 날들이 많이 흐른 후 그의 딸은 치유를 받았다. 그러나 내 경우와는 달리 그 일은 점진적으로 일어나지 않았다. 소녀에게는 즉각적인 기적이 일어났다. 어느 날 옷장에 옷을 걸려고 손을 내밀 때만 해도 그녀의 손은 여전했다. 그런 후 손을 내리고 다른 옷을 집어 봉에 거는 그 사이에 그녀의 손은 완전히 달라져 있었다. 그녀는 소리를 지르며 이 소식을 가지고 아버지께 뛰어갔다. 두 사람은 함께 기뻐했다. 우리는 우리 자신뿐만 아니라 우리가 보호하고 있는 사람들을 위해서도 기도할 권위를 가지고 있다!

1985년 하나님은 나의 기도를 사용해 아내의 난소에 난 혹을 치료하셨다. 아내는 거의 1년간 그 혹을 달고 있다가 제거 수술을 해야 한다는 의사의 말을 들었다. 의사는 혹만 떼어내기를 원했지만 어쩌면 그것에 영향을 받은 난소도 들어낼지도 모를 수술이었다.

그 의사는 그리스도인이었다. 나는 그가 기도의 능력을 믿는다는 것을 알았기에 안전한 범위 안에서 아내를 위해 기도할 시간을 얼마간 줄 수 있는지 물었다. 나는 기도의 힘으로 혹을 제거할 수 있음을 정말로 믿었다. 악성 혹이 아니었기 때문에 의사는 "좋습니다. 두 달간의 시간을 드리죠. 당신의 방법으로 혹이 없어지지 않는다면 제 방법으로 그것을 없애겠습니다"라고 말했다.

나는 아내가 치유되려면 내가 어떻게 해야 하는지 여쭤보며 주님께 매달렸다. 주님은 내게 아내를 위해 하루에 한 시간씩 기도한다면 아내가 나을 것이라고 확실하게 말씀하셨다. 나는 성실하게 순종하기 시작했다. 이것이 왜 하나님이 선택하신 계획인지, 내가 신경 써야 하는 일인지 나는 알지 못한다. 그 이유는 주님이 가지고 계신다.

아내를 위해 기도한 지 2주가 지난 후 고통이 줄어들기 시작했다. 4주가 지나서는 고통이 완전히 사라졌고 혹 역시 사라졌다! 이것은 의사가 새로 검사한 결과 밝혀진 일이었다.

한 번 더 이야기하자면, 동심원들이 커져갈 때 우리의 영향력과 권위는 그만큼 줄어든다. 예를 들어, 나는 내가 사는 도시를 위해 기도할 권위를 가지고 있다. 그런데 이 도시에 사는 다른 사람들도 내가 가지고 있는 것만큼의 권위를 가지고 있다. 우리 모두 국가 또는 그보다 더 큰 원을 위해 기도할 권위를 가지고 있다. 그런데 이 나라에 사는 다른 신자들도 그렇게 할 권위를 똑같이 가지고 있다. 그러므로 동심원들이 커져갈수록 각 개인이 갖는 권위가 줄어든다는 사실은 명백해진다.

셋째, 알고 믿어야 권위를 행사한다.

기도할 때 우리가 갖는 권위의 수준을 결정하는 세 번째 원리는 하나님과 그분의 말씀을 우리가 얼마나 이해하느냐이다. 그것을 알지 못한다면 우리는 그분이 우리를 위해 준비하신 것이나 그것들을 들여오는 방식을 깨닫지 못할 것이다. 하나님의 사람들인 우리는 지식이 없어 망할 수 있다.호 4:6 확실히 그리스도를 통해 무엇이 진정 우리의 것인지 모른다면 우리는 믿음으로 그러한 공급하심을 붙들 권위를 행사하지 못할 것이다. 바울은 영적인 아들 디모데에게 "영생을 취하라 이를 위하여 네가 부르심을 입었고"딤전 6:12라고 말했다. 디모데는 이미 구원을 받았고 따라서 영생도 받은 터였다. 그렇다면 왜 그는 "영생을 취하라"는 말을 들어야 했을까? 단순히 우리가 그리스도인이라고 해서 그리스도 안에서 우리에게 약속된 언약의 공급하심은 저절로 받게 되는 것은 아니다. 우리는 권위를 행사하고, 믿음을 드러내며, 그러한 공급하심을 붙드는 법을 배워야 한다. 그것은 '취하라' 고 번역된 헬라어가 지닌 문자 그대로의 뜻이다.

이 세 번째 원리는 권위를 믿음에 연결시킨다. 하나님의 말씀을 아는 지식이 없으면 믿음을 가질 수 없다. 롬 10:17 말씀을 믿는 정도에 따라 우리는 말씀에 순종하고 권위를 가지고 그 말씀대로 행동할 것이다. 베드로는 미문에서 앉은뱅이를 고친 후 이렇게 말했다.

"그 이름을 믿으므로 그 이름이 너희 보고 아는 이 사람을 성하게 하였나니 예수로 말미암아 난 믿음이 너희 모든 사람 앞에서 이같이 완전히 낫게 하였느니라." 행 3:16

베드로는 이 놀라운 기적을 베푼 권위가 예수님의 이름을 믿는 믿음에서 나온다는 점을 확실히 했다.

제자들은 악한 영에 사로잡힌 소년을 구하려고 했으나 실패했다. 마 17:14~23 그리스도는 소년을 구해주셨고, 왜 자신들은 그런 일을 할 수 없었는지 제자들이 묻자 그들에게 믿음이 부족했음을 그 이유로 드셨다. 제자들은 이미 마귀들을 뛰어넘는 권위를 받았고 다른 사람들을 구한 적도 있지만 10:1, 8 이번 마귀를 쫓아낼 만큼 믿음이 강하지는 못했다. 우리가 갖는 권위의 수준은 믿음의 수준과 관계되어 있음이 확실하다.

"우리가 갖는 권위의 수준은 믿음의 수준과 관계되어 있다."

다음은 단순한 믿음이 일구어낸 위대한 사례 가운데 하나로, 중앙아프리카에서 일했던 한 의사가 쓴 이야기이다.

어느 날 밤 나는 분만실에 있는 한 산모를 구하기 위해 온갖 애를 썼다. 하지만 그 모든 노력에도 불구하고 산모는 조그마한 미숙아와 울고 있는 두 살짜리 딸을 남긴 채 숨을 거두고 말았다. 인큐베이터가 없었기에 인큐베이터를 작동시킬 전력이 없었다 우리는 아기의 숨을 계속 붙어 있게 하기가 어려웠다. 전문 수유 시설도 없었다. 적도 지방이었지만 밤이 되면 외풍이 세서 꽤 쌀쌀했다. 한 학생 조산원은 그런 아기들을 위해 우리가 마련해둔 상자와 아기를 싸맬 면 이불을 가지러 나갔다. 다른 사람은 불을 지피고 핫팩에 뜨거운 물을 채우려고 나갔다. 그런데 이내 고민하며 돌아오더니 물을 넣다가 그만 핫팩이 터져버렸다고 말했다. 열대 기후에서는 고무 제품들이 쉽게 터진다. "그게 마지막 남은 핫팩이었는데…"라고 그녀는 덧붙였다. 서양 속담에 "엎질러진 물은 주워 담을 수 없다"는 말이 있는데, 중앙아프리카에서 역시 터져버린 핫팩은 어찌할 수 없는 노릇이었다. 감나무 아래서 감이 저절로 떨어지길 기다리거나, 우물에서 숭늉을 찾을 수도 없는 노릇이었다. "좋아요. 가능한 한 안전하게 불 가까이에 아기를 데려다놓고 외풍이 들지 않게 아기와 문 사이에서 자도록 하세요. 당신이 할 일은 아기를 따듯하게 유지하는 것입니다"라고 나는 말했다.

다음날 오후 하루 일과를 대부분 마친 후 나는 함께 모이기로 한 고아원생들과 기도하는 시간을 가졌다. 나는 그 어린이들에게 다양한 기도제목을 내며 어젯밤에 태어난 그 작은 아기에 대해서도 말했다. 핫팩이 터져버린 사실과 아기가 추우면 너무나도 쉽게 죽을 수도 있음을 말하며, 우리가 어떤 문제들을 가지고 설명했다. 또 어머니를 잃고 우는 아기의 두 살짜리 누이에 대해서도 말했다. 모두가 기도하는 시간에 열 살짜리 소녀인 루스가 여느 아프리카 어린이처럼 솔직하고 간단한 기도를 했다.

"하나님, 저희에게 제발 핫팩을 보내주세요. 내일이면 소용없답니다. 아기가 죽을 테니까요. 그러니 제발 오늘 오후에 핫팩을 보내주세요."

내가 마음속으로 이 담대한 기도를 붙들려고 노력하는 동안에 소녀는 이렇게 덧붙였다.

"그리고 핫팩을 보내주실 때 어린 소녀가 하나님의 사랑을 정말로 느낄 수 있도록 인형도 하나 보내주시겠어요?"

어린이들과 기도할 때 종종 있는 일이지만 나는 그 대목에서 얼어붙고 말았다. 내가 "아멘"이라고 정직하게 말할 수 있을지…. 나는 하나님이 그 일을 하시리라고 믿지 않았다. 그렇다. 하나님이 못하시는 일이 없음을 나는 알고 성경도 그렇게 말한다. 그러나 엄연히 한계라는 게 있지 않은가? 하나님이 이 특별한 기도에 응답하실 수 있는 유일한 방법은 나의 고향에서 소포가 오는 길뿐이었다. 하지만 4년 가까이 아프리카에 있는 동안에 고향에서 소포 하나 받은 적이 없었다. 어쨌든 누군가가 내게 소포를 보냈다 하더라도 누가 거기에 핫팩을 넣었겠는가? 적도에 사는 내게 말이다!

그날 오후에 간호 훈련 학교에서 강의를 하고 있는데 우리 집 현관에 차 한 대가 왔다는 전갈이 왔다. 집에 돌아왔을 때 그 차는 가고 없었지만 베란다에 10킬로그램짜리 커다란 소포가 놓여 있었다. 그 순간 뜨거운 눈물이 솟구쳤다. 나 혼자서는 차마 그 소포를 열 수 없어 고아원생들을 부르러 사람을 보냈다.

우리는 다함께 소포를 묶고 있는 줄의 매듭을 하나하나 조심스레 끌렀다. 함부로 찢어지지 않게 주의를 기울이며 포장지를 젖혔다. 흥분이 고조되었다. 30, 40쌍의 눈이 커다란 종이상자에 쏠렸다. 나는 상자 속 맨 위에 있는 셔츠들을 가볍게 들어냈다. 그러자 눈들이 반짝거렸다. 셔츠들 밑에는 나병환자들을 위한 붕대가 있었고 아이들의 눈빛은 조금 시들해졌다. 그런 다음 건포도 한 상자가 나왔다. 주말에 빵 굽는 데 쓰일 것이었다. 나는 다시 손을 상자에 집어넣었다. 그리고 뭔가 느낌이 왔다. 이게 정말일까? 나는 그것을 끄집어냈다. 새 고무 핫팩이었다.

눈물이 났다. 나는 하나님께 그것을 보내달라고 기도하지 않았다. 하나님이 하실 수 있다고 진심으로 믿지도 않았다. 아이들 맨 앞에 있던 루스는 앞으로 달려나와 이렇게 소리쳤다.

"하나님이 핫팩을 보내주셨다면 분명히 인형도 보내주셨을 거예요!"

상자를 맨 밑까지 샅샅이 뒤진 아이는 예쁜 옷을 입고 있는 작은 인형을 꺼냈다. 아이의 눈은 빛나고 있었다! 그 아이는 전혀 의심하지 않았던 것이다! 아이는 나를 바라보며 말했다.

"선생님과 함께 가서 이 인형을 어린 소녀에게 줘도 되나요? 그러면 그 아이는 예수님이 자기를 정말로 사랑하신다는 것을 알 거예요."

그 소포가 도착하기까지는 총 다섯 달이 걸렸다. 내가 전에 맡았던 주일학교 반장이 적도이지만 핫팩을 보내라는 하나님의 촉구를 듣고 순종하여 싼 소포였다. '그날 오후'에 열 살짜리 아이가 드린 믿음의 기도에 응답하기 위해 그곳 여학생들 가운데 한 명이 아프리카 어린이를 위해 인형 하나를 상자에 집어넣었다. 그것도 다섯 달 전에 말이다.[1)]

하나님의 말씀을 읽고 묵상하는 데 시간을 보낸다면, 이 어린 소녀의 믿음과 같이 당신의 믿음도 자랄 것이다. 하나님은 불가능한 일을 하시기 위해 당신을 사용할 수 있기를 기다리고 계신다.

넷째, 하나님의 마음에 연결되어야 권위를 행사한다.

우리가 갖는 권위의 수준을 결정하는 네 번째 원칙은 우리가 얼마나 하나님의 마음에 연결되고 부합하는가이다. 이것은 종종 간과되기도 한다. 하나님은 그분이 생각하시는 방식으로 생각하고 그분이 원하시는 것을 원하는 사람들에게 권위를 주신다.

하나님은 처음 2000년에 미국을 향한 소명으로 내 마음을 녹이기 시작하실 때 먼저 미국을 향한 그분의 마음부터 느낄 수 있도록 하셨다. 나는 수많은 경험을 했는데 그중 하나는 매우 심오한 것이었다. 이 나라의 상황을 바라보며 오랜 시간 눈물을 흘리고 있을 때였다. 주님은 주님이 느끼고 계시는 바로 그것을 나 또한 느낄 수 있게 하셨다. 우리가 주님이 원하시는 것을 하고 우리가 원하는 것은 하지 않을 때 그분은 우리에게 더 큰 책임과 권위를 주실 정도로 우리를 신뢰하실 수 있는 것이다.

예수님은 "나를 보내신 이가 나와 함께하시도다 내가 항상 그의 기뻐하시는 일을 행하므로 나를 혼자 두지 아니하셨느니라"요 8:29고 말씀하셨다. 예수님은 항상 아버지가 무엇을 원하시는지 알았고 그분이 기뻐하시는 일을 이루기 위해 노력하셨다.

느헤미야는 예루살렘 성곽을 재건하는 권위를 받기 전에 먼저 예루살렘이 처한 상황을 바라보며 넉 달 동안 슬퍼했다. 그는 예루살렘을 위하여 "이 말을 듣고 앉아서 울고 수일 동안 슬퍼하며 하늘의 하나님 앞에 금식하며 기도했다."느 1:4 그는 상황을 바꾸는 권위를 주님께 받기 전에 반드시 먼저 예루살렘을 향한 하나님의 마음을 전해 들어야 했다. 그 후 느헤미야는 바사의 아닥사스다 왕으로부터 임무를 부여받을 뿐 아니라 크나큰 후원과 지원을 받는다. 후원과 지원, 그리고 권위는 하나님의 마음을 받아들인 다음에 온 것들이다.

나는 인생에서 이러한 진리를 다시 한 번 경험했다. 나는 이미 1년 반 동안이나 혼수상태에 빠져 있는 한 어린 소녀를 위해 기도한 적이 있다. 나는 일주일에 한두 시간씩 소녀의 방에서 소녀를 위해 1년 동안 중보기도를 했다. 그렇게 1년을 보낸 후에-실제로 혼수상태는 2년 반 동안 계속되었다-하나님은 그녀에게 놀라운 기적을 선사하셨다. 의학계가 놀라 발칵 뒤집어질 정도로 그녀는 완전히 회복되었다.[2)]

이런 기적이 일어나기까지 왜 나는 1년이라는 시간 동안 기도를 드려야 했을까? 아마도 하나님이 내 마음속에서 역사하셨던 일은 그 옛날 느헤미야에게 하셨던 일과 똑같은 것이었으리라. 중보기도를 하며 1년을 보내는 동안 내 마음이 얼마나 많은 영향을 받았는지 이루 다 말할 수 없다. 그 시간을 통해 고통 받는 사람들을 향한 하나님의 마음을 공유할 수 있었다. 나는 그리스도가 이 땅에서 사역을 하시는 동안 아프고 다친 사람들을 향해 그랬던 것처럼 바로 그렇게 '연민으로 마음이 깊이 움직였다.' 바로 그때 하나님은 나를 믿고 그러한 기적을 주실 수 있었고–어떤 소득을 얻거나 자기 발전에 악용하지 않을 것이기에–내가 하나님의 뜻을 선언하는 데 필요한 권위를 베푸셨다. 우리가 구하는 대부분의 권위는 확실히 하나님의 마음을 소유하는 것과 관련되어 있다.

다섯째, 듣고 분별해야 권위를 행사한다.

우리가 갖는 권위의 수준을 결정하는 다섯 번째 원리는 하나님께 귀 기울이고 그분의 뜻을 분간하는 능력이다. 위임받은 권위는 모두 대표성을 띤다. 우리는 우리를 대리인으로 삼은 이로부터 권위를 받는다. 분명히 우리는 그분이 우리에게 기대하거나 원하는 것이 무엇인지 알아야 한다.

"그를 향하여 우리의 가진바 담대한 것이 이것이니 그의 뜻대로 무엇을 구하면 들으심이라 우리가 무엇이든지 구하는 바를 들으시는 줄을 안즉 우리가 그에게 구한 그것을 얻은 줄을 또한 아느니라." 요일 5:14~15

예수님은 당신이 항상, 그리고 오로지 아버지의 뜻을 행한다는 것과, 이것이 그러한 권위를 가지고 행할 수 있는 능력을 당신에게 주신 아버지의 취지를 분명히 하는 것이라고 자주 말씀하셨다. 요 4:34, 5:30~32, 6:38 이와 비슷하게 우리 또한 주님의 대리인으로서 주님의 뜻과 원하시는 것을 이행하는 데서 우리의 권위를 찾는다.

사도행전 16장에 나오는 사도 바울의 삶은 이러한 모습을 보여준다. 그는 복음을 전하러 아시아에 가려고 했지만 주님은 이것이 당신의 뜻이 아님을 알려주셨다. 그러자 바울은 그와 같은 이유로 비두니아로 가려고 했다. 그러자 성령님이 꿈속에 나타나 그가 마게도니아 지역으로 가기를 원한다는 점을 분명히 하셨다.

이에 순종하여 바울은 빌립보 지방으로 갔는데, 거기서 수많은 사역이 일어났다. 그는 점치는 귀신에게 큰 권위를 행사하여 사람의 몸속에 든 귀신을 쫓아냈다. 이 일로 큰 분쟁이 일어나 감옥에 갇힌 바울은 실라와 함께 옥중에서 예배를 드리자 지진이 일어나 그들은 풀려나게 되었다. 간수와 그의 가족은 거듭났고 결국 빌립보의 상관들이 바울 앞에 겸손하게 몸을 굽히며 용서를 구하기에 이르렀다.

바울이 빌립보에서 행사한 권위의 수준은 상당했다. 그는 하나님의 뜻을 분별했기 때문에, 자신이 어디에 있기를 하나님이 원하시는지, 무슨 일을 하기를 원하시는지 알았기 때문에 그런 일을 할 수 있었다. 하나님의 뜻을 분별하지 못하고 다른 지역으로 갔다면 그는 그와 같은 수준의 권위를 발휘하지 못했을 것이다. 하나님의 뜻을 분별하고 그 안에서 일하는 우리의 능력은 참으로 우리가 가지는 권위의 수준과 깊은 관련이 있다.

여섯째, 우리의 회개와 속죄 없이는 권위도 없다.

기도할 때 갖는 권위의 수준을 결정하는 여섯 번째 원리는 우리의 회개와 속죄이다. 내가 다른 사람들의 상황에 대해 기도할 때 그들의 행동에 따라 내가 행사하는 권위의 수준이 달라질 수 있다. 예를 들어, 한 사람의 삶 속에 든 죄 또는 그와 하나님 사이에 해결되지 않은 문제는 내가 그를 위해 얼마나 많은 권위를 가지고 성경의 약속들을 붙들 수 있는가에 영향을 미친다.

다른 사람의 행동으로 인해 때때로 우리를 위해 개인적으로 기도하는 이가 받는 응답이 달라질 수 있다. 사무엘하 21장은 심판을 받고 있는 다윗 왕과 이스라엘 국가에 대해 말하고 있다. 왜 이런 일이 일어나느냐고 다윗 왕이 주님께 물었을 때, 그는 이것이 그의 전임자 사울 왕의 죄 때문이라는 말을 듣는다. 심판이 그치려면 사람들이 이 죄를 회개하고 속죄를 해야 했다. 다윗은 이스라엘에 관한 한 하나님께 큰 권위를 가지고 있었지만, 사울 왕의 죄를 해결하기 전까지는 백성들을 위해 문제를 해결할 수 있는 권위를 가지지 못했다.

이와 같은 예를 모세의 삶에서도 찾아볼 수 있다. 민수기 14장에서 모세는 이스라엘 백성들이 하나님께 죄를 짓자 그들을 위해 중재에 나섰고, 주님은 본질적으로 이렇게 응답하셨다.

"모세야, 너의 청을 따라 그들을 사하노라."

그 상황에서 하나님은 모세의 중보기도 때문에 그들을 용서하셨다. 그러나 또 다른 경우에서 모세가 이스라엘 백성들을 용서해달라고 간구했을 때 하나님은 그렇게 하지 않겠다고 말씀하셨다.

그러나 합의하시면 이제 그들의 죄를 사하시옵소서 그렇지 않사오면 원컨대 주의 기록하신 책에서 내 이름을 지워버려 주옵소서 여호와께서 모세에게 이르시되 누구든지 내게 범죄하면 그는 내가 내 책에서 지워버리리라 이제 가서 내가 네게 말한 곳으로 백성을 인도하라 내 사자가 네 앞서 가리라 그러나 내가 보응할 날에는 그들의 죄를 보응하리라 여호와께서 백성을 치시니 이는 그들이 아론의 만든바 그 송아지를 만들었음이더라.

출 32:32~35

정말로 무섭고도 강력한 말씀이다. 이전에 하나님은 모세가 부탁했기 때문에 백성들을 용서하시겠다고 말씀하셨지만, 이번에는 근본적으로 "그렇게 하지 않겠다. 더 이상 그것에 대해 듣고 싶지 않다"라고 말씀하셨다. 다른 사람들의 죄나 행동들이 어떤 것을 이루기 위해 하나님이 우리에게 주고자 하시는 권위를 제한할 때가 있다.

일곱째, 기도의 범위가 커지면 권위도 커진다.

기도할 때 또는 그 밖의 영적인 활동을 할 때 우리가 갖는 권위의 수준을 결정짓는 마지막 원리는 우리가 맡은 임무이다. 이것은 대표자가 갖는 권위이다. 우리 모두는 하늘

아버지께 다가가고 그리스도의 이름 안에서 개인적인 필요들을 구하는 데 똑같은 수준의 권위를 가지지만, 영적인 임무를 수행할 때는 그 수준이 달라진다.

미국의 시민권이 그 좋은 예이다. 미국 국민들은 모두 헌법상 똑같은 권리와 똑같은 자유, 그리고 똑같은 보호를 보장받는다. 그러나 다른 나라에 대사로 임명된 미국 국민은 보통의 미국 국민이 갖지 못하는 권위를 가진다. 미국인이라면 누구나 똑같은 권리를 가지지만 대표자가 갖는 권리는 그렇지 않다.

하나님의 나라에서도 마찬가지다. 개인의 삶만 놓고 볼 때 그리스도인이라면 누구나 그리스도를 통해 똑같은 권리와 특권을 가진 하늘나라의 백성이다. 그러나 그리스도인이라고 해서 모두 대리인으로서 똑같은 권리를 갖는 것은 아니다. 여느 정부에서 그러하듯 하나님은 임무를 주실 때 그 임무를 수행하는 데 필요한 권위를 위임하신다.

성경에는 이와 같은 예들이 수도 없이 나온다. 바울은 고린도 교회를 향해 영적인 전쟁에 참여하는 자신의 권위와 관련해 이 점에 대해 말한다.

우리의 싸우는 병기는 육체에 속한 것이 아니요 오직 하나님 앞에서 견고한 진을 파하는 강력이라 모든 이론을 파하며 하나님 아는 것을 대적하여 높아진 것을 다 파하고 모든 생각을 사로잡아 그리스도에게 복종케 하니. 고후 10:4~5

우리는 우리 자신을 위해 그렇게 행동하는 상황에서는 이 구절을 자주 인용하지만-나는 그렇게 하는 게 타당하다고 믿는다-바울은 여기서 다른 사람을 위해 그런 일을 하는 것에 대해 말한다. 그는 "나는 너와 맞서 싸우고 너를 사로잡고 있는 네 마음속의 진을 파할 권위를 가지고 있다"라고 말하고 있는 것이다. 이어서 그는 자신이 실제로 고린도에 도착했을 때 순종하지 않은 누구라도 처벌할 준비가 되어 있다고 담대한 발언을 한다. 바울은 자신이 고린도에서 영적으로 많은 권위를 가지고 있음을 자신했다.

그는 후에 자신이 얼마나 권위를 받았는지 말하며 이 권위가 지닌 한계에 대해 언급했다. 고전 10:13~18 그가 정도를 나타내는 데 사용한 단어 '메트론' metron은 제한된 몫 또는 여기서 번역된 대로 '정도'를 의미한다. 영어 단어 미터(meter)는 이 용어에서 파생되었다 그런 후 그는 자신이 지닌 권위의 '범위'에 대해 말했다. 여기서 쓰인 '캐논' kannon이라는 용어는 통치 범위, 한도, 활동 범위를 의미한다. 바울은 자신이 고린도에서 행하는 것과 똑같은 권위를 다른 곳에서는 갖지 못한다는 것을 알고 있었다. 그가 맡은 임무 때문에 하나님은 그를 고린도에서 보다 높은 위치에 올려놓으셨다.

사도행전 15장도 이런 원리를 설명하고 있다. 초대 교회는 이방인 사회 출신의 새 그리스도인들과 관련된 교리적인 갈등을 풀려고 애쓰고 있었다. 많은 유대인들이 그리스도인이 되었지만, 그들은 이때에 이르기까지 여전히 유대교의 많은 전통들을 수행해야 한다는 생각을 떨치지 못하고 있었다. 이방인들 또한 그리스도를 받아들일 때 "우리가 이러한 유대교적인 의식을 따라야 하는가?"라는 명백한 의문을 가지고 있었다. 많은 토론을 거친 후에 야고보는 일어서서 기본적으로 이렇게 말했다.

"내가 이 모든 것에 관한 보고와 논쟁에 대해 들었다. 자, 그러니 이렇게 하자."

그런 다음 그는 자신의 의견을 발표했고 더 이상의 논란은 일어나지 않았다. 당시의 각 사람들이 같은 임무를 갖고 있지 않으므로 같은 수준의 권위를 가지고 있지 않은 것은 분명하다. 야고보는 확실히 하나님께 예루살렘 교회에서 지도자로 임명받은 인물이었다.

기도의 권위를 보여주는 또 다른 예가 출애굽기에 나온

다. 모세는 이스라엘을 향한 하나님의 법을 받기 위해 산 위에 있었다. 그때에 하나님은 백성들이 죄를 짓고 있으니 그들에게 돌아가라고 모세에게 말씀하셨다. 이스라엘 백성들이 금송아지를 숭배하느라 정신없는 그곳으로 가라고 하셨다. 왜 이런 일이 일어났는지 주님이 하신 말씀을 보라.

"모세가 본즉 백성이 방자하니 이는 아론이 그들로 방자하게 하여 원수에게 조롱거리가 되게 하였음이라."출 32:25

이것은 하나님이 임무를 수행하라고 우리에게 주신 권위가 어떠한 것인지 말 그대로 보여주는 심오한 가르침이 아닐 수 없다. 이 구절에서 우리는 아론이 권위를 가지고 있었음을 알 수 있다. 아무리 많은 이스라엘 백성들이 우상숭배에 참여하기를 원하더라도 아론이 권위를 행사하여 그 우상숭배를 막았더라면 어땠을까? 이스라엘은 이런 일을 하지 않는다고 그가 선언했더라면 하나님은 그의 권위를 지지하셨을 것이고 어느 정도 그런 행위를 막을 수 있었을 것이다. 우리는 분명히 하나님이 우리에게 주신 임무를 수행할 권위를 가지고 있다.

나의 삶을 돌아보아도 이 점은 확실하다. 하나님은 내게 다른 모든 미국인 신자들이 가지고 있는 것과는 다른 수준의 권위기도하고 선포하고 그분을 위해 특정한 행동들을 수행하는 권위를 주셨다. 그것은 내가 영적인 지식이 더 많거나 교회 안에 있는 다른 사람들보다 대체로 하나님과 더 친해서가 아니다. 그것은 내가 받은 임무 때문이다.

부흥을 위해 기도하며 척 피어스와 함께 전국을 다닐 때 하나님은 내게 이런 말씀을 하실 때가 많이 있었다.

"너는 이 나라에 여차여차한 것을 선포해야 한다."

그럴 때면 나는 가끔 그분에게 "왜 하나님이 직접 선포하지 않으십니까?"라고 물었다. 그러면 보통 "왜냐하면 네가 이 나라를 향해 선포할 큰 권위를 가지고 있기 때문이다"라는 식으로 대답하셨다.

처음에 나는 이런 일에 대해 의아해하며 조금은 당황스러웠지만 점차 그것이 사실임을 깨닫고 믿게 되었다. 하나님은 이 사회와 관련해 내게 특정한 책임을 주셨다. 그것은 내가 맡은 임무 가운데 일부이며 따라서 내가 준비하고, 감화받으며, 위임받은 권위의 일부를 이룬다. 이제 하나님이 워싱턴 D.C.나 그 밖의 지역에 선포하라고 나를 보내실 때 나는 더 이상 내게 그럴 권리가 있는지 의심하지 않는다. 참으로 하나님의 음성을 들었다는 사실을 확실히 하기 위해 종종 조언을 구하기도 하지만, 일단 그런 사실을 확신한 다음에는 나아가 순종한다.

물론 자신감에는 그에 상응하는 겸손함이 따라야 한다. 우리 중 그 누가 아무리 영적으로 많은 권위를 가지고 있다 해도 우리는 항상 그것이 그리스도를 통해 위임받은 것임을 기억해야 한다.

「뿌리」Roots의 저자 알렉스 헤일리 사무실에는 울타리 위에 앉아 있는 거북이 그림이 하나 있다. 그 그림은 그가 오래전에 배운 교훈 하나를 떠오르게 해준다.

"울타리 기둥 위에 있는 거북이를 보거든 그 거북이에게 도움이 필요하다는 생각을 하세요."

알렉스는 말한다.

"언제나 저는 '와, 내가 이런 놀라운 일을 하다니!' 라는 감탄을 하고 싶을 때마다 저 그림을 보며 이 거북이-나-가 어떻게 그 기둥에 올라갔을까를 생각해 봅니다."[3)]

거북이지만 누룩처럼

우리는 권위에 관한 한, 모두 거북이들이다. 그리스도 없이는 무력한 존재들이고 죄와 사탄과 부정적인 삶의 환경들에 희생되기 쉽다. 악에 승리하고 생명과 의를 세우기 위한 어떤 영적인 임무도 수행할 수단조차 없다. 그러나 우리의 머리이신 그리스도와 보혜사이신 성령님과 함께라면 악을 정복하고 이 땅에 세울 하나님의 나라를 볼 만반의 준비가 되어 있다.

다니엘은 종말과 관련하여 미래를 내다보고 놀라운 사건들을 감지할 수 있었다. 그가 본 것 중 한 가지는-아마도 그것을 전부 이해하지 못했겠지만-그리스도가 인자로서 그분의 나라를 세우거나 이 땅을 다스리기 위해 오시는 것이었다.

> 내가 또 밤 이상 중에 보았는데 인자 같은 이가 하늘 구름을 타고 와서 옛적부터 항상 계신 자에게 나아와 그 앞에 인도되매 그에게 권세와 영광과 나라를 주고 모든 백성과 나라들과 각 방언하는 자로 그를 섬기게 하였으니 그 권세는 영원한 권세라 옮기지 아니할 것이요 그 나라는 폐하지 아니할 것이니라. 단 7:13~14

성경은 어느 날 그리스도가 이 땅에 다시 돌아와 모든 적들을 제거하고 이곳에 그분의 나라를 온전히 세울 것이라고 약속한다. 그럼에도 십자가에서 시작된 '영원한' 권세는 틀림없이 있을 것이다. 그 나라의 통치적인 영향은 증가하고 있다. 예수님은 당신의 나라가 가루 서 말 속에 갖다 넣어 전부 부풀게 한 누룩과 같다고 말씀하셨다.마 13:33 이사야도 "그 정사와 평강의 더함이 무궁하며"사 9:7라고 말했다.

우리 또한 이러한 증가에 일부를 담당하고 있다. 그리스도 나라의 영향력은 기하급수적으로 성장해왔다. 거룩하고 멈출 수 없는 이 누룩의 힘은 그 가는 길에 놓인 모든 것을 정복하고 있다. 당신은 이 누룩의 일부이다. 그리스도의 교회는 단순한 회중에서 의회적인 모임으로 나아가고 있다. 교회 건물들의 벽을 넘어 나라의 법령을 집행하는 전당으로 들어가고 있는 것이다. 우리는 사탄에게 위험하고 피해갈 수 없으며 거꾸러뜨릴 수 없는 존재들이다.

당신은 이 땅에 있는 하나님의 정부의 일부를 이루도록 창조되었다. 거듭나면서 그러한 부름을 받았다. 검과 왕권을 들고 당신의 나라를 다스리기 시작하라. 어둠의 세력들이 당신과 당신 것들의 가슴팍을 짓누르는 날들이 끝났음을 그들에게 통보하라. 먼저 당신의 개인적인 세상에서 시작하여 정복하라! 그런 다음 주변 세상에서 승리하라! 마침내 당신의 온 세상을 다스려라!

전리품은 승자의 것이다.

후기

영적 전사여, 일어나라!

당신이 이 책의 많은 주장들과 이야기들을 의심 없이 따라왔다면, 이제 나는 이 나라가 그리스도께 돌아오기를 간절히 바라며 요청한다. 나는 그 목적을 위해 살고 있다. 이 책의 목적은 우리의 개인적인 삶에 왕의 기도를 드리는 원리들을 적용하는 것뿐 아니라 우리가 나라를 위해서도 왕처럼 기도하기를 훈련하는 것이다. 갈 길은 멀지만 우리는 많은 성과를 올리고 있다! 고무할 일 아닌가!

천하에 범사가 기한이 있고 모든 목적이 이룰 때가 있나니 … 전쟁할 때가 있고 평화할 때가 있느니라. 전 3:1, 8

"우리는 전쟁을 하라고 부름받은 세대입니다!"라고 뜨거운 열정으로 한 청년 중보기도자가 외쳤다.

그때 나는 연방대법원을 위해 워싱턴 D.C.에서 기도 집회를 이끌고 있었다. 최근에 생명과 도덕성 수호에 너무나도 많이 반대해온 이 기관이 변화되도록 주님께 부르짖는 그와 같은 수많은 집회에 나는 참여해왔다.

그의 목소리를 듣자 문득 사사기 3장 1~2절에 나오는 젊은 이스라엘 세대들이 떠올랐다. 주님은 이스라엘을 시험하시고 "이스라엘 자손의 세대 중에 아직 전쟁을 알지 못하는 자에게 그것을 가르쳐 알게" 하시려고 이스라엘에 적국을 남겨두셨다. 여호수와와 갈렙 아래에서 일어나는 세대들이 싸우는 법을 배우는 것은 하나님께 중요한 일이었다. 그 당시에 생존하기 위해서는 반드시 필요한 일이었다. 우리의 전쟁은 영적이기는 하지만 그것은 오늘날에도 마찬가지이다.

전쟁에 관해 말하는 구약성경의 다른 구절인 시편 78편 9절은 언제 보아도 흥미롭다.

"에브라임 자손은 병기를 갖추며 활을 가졌으나 전쟁의 날에 물러갔도다."

제대로 된 훈련을 받고 무기를 갖추었으면서도 전쟁에서 물러났다니 이 얼마나 슬픈 일인가!

나는 나의 세대와 관련해 종종 스스로에게 묻는다.

"우리는 부름을 받고 준비를 갖추었으면서도 우리의 영혼을 위한 전투에서 아무것도 보여주지 못하는 에브라임 자손과 같지는 않은가?"

옛 이스라엘의 경우와 매우 비슷하게, 우리의 운명이 하나님 안에서 살아남느냐 아니면 영적으로 또 다른 과거의 나라가 되느냐에 따라 그 대답은 달라질 것이다.

우리의 전쟁은 육에 관한 것이 아니다. 사탄이 그의 목적을 이루려고 사람들을 이용하지만 신약성경은 우리가 혈과 육에 맞서 싸우는 것이 아님을 분명히 한다. 불신자들과 무신론자들, 그리고 신학적으로 우리에게 동의하지 않은 사람들이 우리의 적들은 아니다. 그들은 모두 하나님이 사랑하시고 하나하나 구원하기를 원하시는 사람들이다. 우리의 진짜 적은 하나님의 나라에 반대하여 전쟁을 벌이고, 이 땅에 그분의 목적이 이루어지는 것을 방해하려는 어둠의 세력들이다. 착각하지 말자. 이러한 세력에 맞서는 우리의 전쟁은 한 나라의 영혼과 수백만 명의 운명이 달린 전쟁이다.

다행인 것은 이것을 이해하는 신자들의 세대가 곳곳에서 일어나고 있다는 점이다. 예수님이 하신 모든 것들이 어차피 이루어질 일들이었음을 주장하고, 필요한 것들을 얻기 위해 오로지 하나님의 주권에만 의지하며 전쟁에 나서지 않는 사람들 또한 분명히 있다. 그럴 때 그들은 교회 안에서 끔찍한 자기만족에 빠지고 만다. 다행히 지금 일어나고 있는 세대는 하나님이 하나님의 사람들을 통해 이 땅에서 하시는 일이 무엇인지 안다. 그들은 우리가 이 땅에서 하나님의 지배권을 넓히라고 하나님이 주신 영적인 무기를 사용하도록 부르심을 받았음을 안다.

하나님이 찾으시는 전사

몇 년 전에 루 잉글이 방에 가득 들어찬 각 나라의 영적 지도자들에게 '소명'The Call 집회의 비전을 전하려고 애쓸 때 그와 함께 앉아 있었던 일이 생각난다. '소명' 집회에 대해 잘 모르는 사람을 위해 말하자면, 이 행사는 미국이 하나님께 돌아오는 것을 보기 위해 24시간 기도하고 금식하는 일곱 개의 대규모 청년 집회이다. 처음 집회는 2000년 여름에 워싱턴 D.C.에서 열렸고, 그 여세는 마침내 다른 도시들과 나라들로 이어졌다.

처음 이 행사를 시도할 때 많은 지도자들이 좋은 뜻에서 루 잉글을 만류했다. "시간이 충분치 않습니다", "비용이 너무 많이 들 겁니다", "요즘 아이들은 연예인이나 밴드들을 많이 부르지 않으면 오려고 하지 않습니다" 이런 말들에 루는 상당히 실망했을 것이다. 그러나 많은 기도와 금식 끝에 그와 그의 동료 목사 체 안은 이것이 하나님의 참뜻이고 비전을 가지고 추진해야 할 일임을 느꼈다.

'소명' 집회를 갖기 전날 나는 루와 이야기를 나누었다. 그는 혹시나 집회에 적은 무리가 모일지도 모른다는 생각에 다소 긴장해 있었다. 사전 등록을 받지 않았기 때문에 사람들이 얼마나 모일지 알 길이 없었다. 과연 젊은이들이 올까? 다음날 아침 일찍 루가 집회 장소에 나갔을 때 그곳에는 이미 수십만 명의 사람들이 모여 있었다. 그날이 다 가기 전에 종교 집회라는 단 하나의 목적-기도하고, 예배드리고, 금식하고, 부흥을 위해 주님께 부르짖는 것-으로 모인 젊은이들이 40만 명에 이른다는 조심스러운 추정이 나왔다.

이 일로 많은 이들이 놀랐다. 가장 놀라운 것은 젊은이들의 행동이었다. 그 프로그램에 참석한 몇몇 유명한 공연자들과 강사들이 찬양하거나 말씀을 나눌 때 많은 젊은이들이 해방감을 맛보았다. 그리고 뜨거운 예배와 기도 속에서 그들은 다시 해방감을 맛보았다.

눈이 번쩍 뜨이는 일이 아닐 수 없었다. 이 젊은 세대는 그들의 아버지와 어머니 세대보다 더 많은 깨달음을 얻은 듯했다. 어쩌면 그들은 지금의 절망적인 상황을 그들의 지도자들보다 더 이해하고 있었는지 모른다. 확실히 그들은 훨씬 더 필사적으로 매달렸다.

지난해에 나는 플로리다에서 사역하고 있었는데, 메시지를 마무리하면서 참석한 영적 지도자들과 함께 기도하기 시작했다. 그들 중 많은 이들이 사역에 낙담하고 환멸을 느끼고 있던 터였다. 그들을 위해 열심히 기도할 때 엄청난 열정이 내게 몰려왔다. "우리는 전사들입니다!"라고 나는 외쳤다. 그 순간 초자연적인 무언가가 우리에게 엄습했다. 미뤄두었던 그들의 희망이 전사의 정신으로 바뀌자 이 지도자들로부터 거대한 포효가 솟구쳤다.

나는 당신이 이 전쟁에 참여하기를 원한다. 드보라와 바락이 이끈 전쟁에 대해 언급하고 있는 사사기 5장 2절은

"이스라엘의 두령이 그를 영솔하였고 백성이 즐거이 헌신하였으니 여호와를 찬송하라"고 말한다. 시편 110편 역시 우리가 앞서 논의한 멜기세덱의 반차라는 맥락에서 자원하여 나선 하나님의 군대에 대해 말한다. 이 구절에서 쓰인 '헌신하다' volunteer라는 단어는 '자유의지로 드리는 것'에 쓰이는 말이다. 이 땅에서 누가 다스릴 것이냐에 관한 전투에서 그분에게 자유의지로 자원하여 기꺼이 헌신하고자 하는 철저하고도 영적인 전사, 바로 그런 사람을 하나님은 찾으신다.

회복시키시는 주님을 맞으라

산드라 데이 오코너가 연방대법원에서 사임한 직후 나는 컨퍼런스 개최를 요구하는 사람들 가운데 한 명이었다. 언론은 그녀를 온건주의자라고 불렀지만 실제로 그녀는 생명과 도덕성에 반한 투표권을 종종 행사하는 자유주의자였다. 그녀는 우리 시대에 가장 소름끼치는 왜곡된 일인 부분출산낙태를 허용하는 투표를 했다. 수천만 명의 아기들이 그녀의 투표 때문에 살해되었다. 그런 그녀가 사임하면서 교회 안에 커다란 움직임이 일어났다. 도덕성을 지지하는 한 표를 얻는 기회를 가지게 되었기 때문이다.

워싱턴 D.C.가 생명과 도덕성의 문제를 중요하게 여길 수 있도록 가장 활발하고 강력하게 활동하는 기독교 단체에서 나온 50, 60명의 지도자들이 '소명' 집회에 참석했다. 다음 법관 임명에 영향을 어떻게 끼칠지 우리의 전략을 결정하는 것이 목적이었다. 나는 한 시간가량 사람들의 말에 귀를 기울였다. 사람들은 의견의 일치를 보지 못했고 자신들의 입장과 주도권만 내세웠다. 그 시간 내내 기도하기는커녕 기도에 대해 말하는 사람은 아무도 없었다.

끔찍했다. 지난 몇십 년간 우리가 우리 사회의 영혼을 구하는 전쟁에서 왜 패배했는지 돌아보지 않을 수 없었다. 최근에 이르기까지 우리가 별 진전을 이루지 못한 게 이상한 일도 아니라는 생각이 들었다. 하지만 나는 딛고 나아갈 발판과 전망을 다시 회복했다. 힘을 북돋아주는 소식이 있기 때문이다. 우리의 소명이 기도를 통해 영적인 전쟁을 하는 것임을 이해하기 시작한 신자들의 세대가 미국에 실제로 있다는 것이다. 마침내 이 세대는 커다란 성과를 올리고 있다.

주님은 그 무엇보다도 정의와 진리를 회복하러 오셨다. 하나님은 정의 그 자체이시다. 정의는 그분의 보좌를 이루는 기초이다.시 89:14 우리 사회는 정의를 회복하러 오시는 주님의 방문이 절대적으로 필요하다. 이사야는 이러한 우리의 형편을 설명하고 있다. "우리는 사망과 언약하였고"사 28:15, "그 발은 행악하기에 빠르고 무죄한 피를 흘리기에 신속하며…공평이 우리에게서 멀고…성실이 거리에 엎드러지고."59:7, 9, 14

우리는 이 예언이 말하는 바로 그런 상황이지만 그럼에도 우리에게 희망이 없지는 않다. 이사야서 59장 후반절에서 주님은 그 상황을 바꾸겠다고 선언하신다. 주님은 우리나라 또한 그렇게 하겠다고 말씀하신다. 우리 교회는 그분의 도구가 될 것이다.

미가서 6장 8절은 "사람아 주께서 선한 것이 무엇임을 네게 보이셨나니 여호와께서 네게 구하시는 것이 오직 공의를 행하며 인자를 사랑하며 겸손히 네 하나님과 함께 행하는 것이 아니냐"라고 말한다. 이 구절에서 '행하며'do라고 번역된 히브리어는 또한 성경에서 '만들어내다'라는 의미를 담고 있기도 하다. 그 구절을 쉽게 풀자면 '정의를 만들어내다'가 되는 것이다. 주님은 선한 것이 무엇인지–우리에게 요구하시는 것이 무엇인지–보여주셨고, 그 가운데 하나는 공의를 만들어내는 것이다. 분명히 말하지만, 우리가 기도하고 성경적인 참권위를 행사하는 것은 이 땅에 공의를 만들어내는 힘을 갖는 것이다.

카이로스의 시간에 있다!

하나님은 이 나라와 세계의 역사 속에서 우리를 전략적인 시간에 두셨다. 알다시피 신약성경에는 시간을 가리키는 말이 두 가지가 있다. 하나는 '카이로스' kairos로 '약속된 또는 알맞은 시간'을 의미한다. 그것은 어떤 일이 반드시 이루어져야 하는 '호기' 好期에 관한 개념이다. 다른 하나는 '크로노스' chronos로 단순히 연대순의 시간을 가리킨다. 조디 에이츠는 크로노스란 "그 시간 속에 든 기회와 업적에 도덕적으로 아무런 영향을 미치지 못하고 흘러가는 순간들"이라고 말한다. 크로노스의 시간은 우리가 있을 곳이 아니다!

우리는 크로노스의 시간에 있지 않고 거대한 도덕적 영향력을 갖는 카이로스의 시간에 있다. 우리는 이 나라를 바꾸어놓을 기회를 가지고 있고, 그 기회를 놓쳐서는 안 된다. 다니엘서 7장 25절은 사탄이 "때와 법을 변개코자 할 것"이라고 경고한다. '때'는 구약 성경에서 약속된 시간 카이로스와 비슷하다을 가리키는 말이고, '법'이라고 번역된 히브리어는 왕의 선언을 의미한다. 그것은 에스더에서 왕의 조서와 관련해 스무 차례나 사용되고 있다.

다니엘서 7장 25절은 문맥상 온 땅의 심판주, 옛적부터 계신 이 22절가 성도들을 위하여 다스리신다는 내용이다. 그러나 여태껏 우리를 속여온 사탄이 승리를 향한 하나님의 법과 약속된 시간을 바꾸려는 마지막 시도를 한다. 사탄은 언제나 그런 일을 해왔다. 모든 사람들에게, 모든 민족들에게, 모든 나라들에게, 그리고 모든 세대 속에서 사탄은 하나님의 때와 계획을 바꾸려고 애쓰고 있다.

어떻게 그렇게 하고 있는가? 하나님의 마음을 바꿈으로써 그렇게 하는 것은 분명히 아니다. 사탄은 우리가 하나님의 목적에 협력할 수 없게 만들거나 그런 선택을 하지 못하게 하는 식으로 우리에게 영향을 미친다. 다니엘서의 이 구절에 나타난 사탄의 전략을 보면 "성도를 괴롭게 할 것" 25절이라고 했다. '괴롭게 하다' 히브리어로 '벨라' (bela)는 의미는 육체적으로 지치게 한다기보다는 정신적 또는 감정적으로 피곤하게 하는 것을 말한다. 사탄은 우리를 낙담케 하고, 소망을 더디 이루어지게 하며 잠 13:12, 두려움과 불신, 자기만족 등을 이끌어내려고 애쓴다. 우리를 위한 하나님의 때와 계획을 놓쳐버리게 하기 위해서이다.

사탄은 그리스도의 시대에도 이스라엘에게 그런 일을 하여 성공했다는 사실을 기억하라. 예수님은 예루살렘의 종교계를 가리키며 그들에게 카이로스의 시간눅 19:44을 아는 능력이 없다고 말씀하셨다. 실제로 "권고 받는 날을 네가 알지 못[했다]"라고 말씀하셨다. '권고 받음' 이라고 번역된 '에피스코페' episcope는 주의 깊게 돌봄을 암시하며 지배인, 파수꾼 또는 감독관이라는 뜻을 갖는다. 주님은 예루살렘이 이것을 분간하지 못함에도 불구하고 그들에게 "내가 너희를 감독하려고, 돌보려고, 보살피려고 왔다"라고 말씀하고 계신 것이다.

하나님은 오늘날 우리에게도 같은 말씀을 하고 계신다. 우리는 지금 도덕성과 상당히 관련된 하늘의 권고를 받고 있다. 예수님은 이 나라를 감독하기를 원하신다. 우리를 치유하고 감싸시며 "영혼의 목자와 감독 되신 이"벧전 2:25에게 데려다주기를 원하신다.

변화에 동참하는 자원군으로서!

나의 좋은 친구이자 목사이며 작가인 에디 로렌스는 2004년 3월 12일에 다음과 같은 예언을 했다.

미국의 법원들, 더욱이 연방대법원에 곧 변화가 있을 것이라고 주님은 말씀하셨습니다. 그들의 견해가 달라지는데, 하늘의 법원들과 의견을 같이 하는 쪽으로 바뀔 것입니다. 그 열기가 드러나고 있습니다! 뜨거운 달, 7월에 이 땅에 변화를 알리는 신호가 있을 것입니다. 우리는 그것을 듣게 될 것입니다. 모든 이가 들을 것입니다. 우리는 주님의 심판이 새로운 양상으로 일어나는 것을 보게 될 것입니다. 폭동과 의로움이 한데 뒤섞이겠지만 의로움이 득세할 것입니다. 검은 옷을 입은 사람들이 처음으로 흰옷을 입은 사람들에게 굴복하는 때입니다. 평소 같으면 비가 없는 달이지만 그때에는 비가 계곡을 흘러넘쳐 높은 곳에서 흘러내릴 것입니다. 정부의 통치자들이 다가오는 변화에 맞서 싸우겠지만 성도들이 하늘의 법령을 가지고 연합하여 기도할 때 하나님의 정부가 득세할 것입니다. 끊임없는 기도가 방패막이를 세우고, 사슬을 끊고 변화를 가져올 검을 휘두르는 능력을 풀어놓을 것입니다.

에디가 말한 변화는 "뜨거운 달… 7월"에 오코너 대법관이 사임하면서 시작되었다. 비와 홍수는 허리케인 카트리나와 리타로 시작되었다. 그런데 그 예언이 또한 하나님이 일으키시는 변화에 대항하는 전쟁이 있겠지만, 성도들이 하늘의 법령을 가지고 연합하여 기도할 때 하나님의 정부가 득세할 것이고…끊임없는 기도가 능력을 풀어놓을 것이라고 선언하는 점에 주목하라. 그것은 지금 일어나고 있는 일이다. 이 땅에 변화를 일으키기 위해 하나님의 동역자 된 우리가 함께하기를 바란다.

나는 낙태를 지지하는 단체들이 오코너의 사임 후에 열심히 외쳐대는 이야기들을 굉장히 흥미롭게 들었다. 그들은 임신 중절 합법화에 반대하는 후보자가 확정되는 것을 소리 높여 반대하며 악담을 퍼붓고 있었다. 그들은 "50개 모든 주에서 시위를 하며 우리의 목소리를 들려주겠다"고 말했다.

그 소리에 나는 빙그레 웃음이 나지 않을 수 없었다. 오만하거나 잘난 체하는 게 아니며 자기만족에 빠져서 그런 것도 아니다. 이 책의 앞부분에서 보면 알겠지만 우리는 이미 50개 주를 모두 다니지 않았는가. 척 피어스와 내가 한 일에 대해 말하는 게 아니다. 그 모든 주에서 만난 하나님의 기도의 군사들과 영적인 영역에서 우리의 목소리를 내고 있는 이들에 대해 말하고 있는 것이다. 열왕기상 18장에서 바알과 이세벨의 추종자들이 그러했던 것처럼 생명의 적들은 가는 곳마다 매인 하늘을 보게 될 것이다.

우리는 이 전쟁에서 승리할 수 있고 승리할 것이다. 이미 큰 성과를 거두어왔고 앞으로도 계속 그러할 것이다. 하나님은 우리에게 나라를 주셨고 궁극적으로는 그분의 것인 이 나라를 지킬 청지기 직분을 교회에게 주셨다. 구경꾼의 자리에 앉아 있지 말라. 하나님의 일에 참여하고 역사를 만들어가는 왕 같은 제사장, 정부, 하늘의 마음을 가진 자, 그리고 왕 되신 예수님을 위해 자원하는 군사가 되라. 지금이 그때이다!

미주

1장

1. Dutch Sheets와 Chuck D. Pierce의 *Releasing the Prophet Destiny of a Nation*(Shippensburg, PA: Destiny Image, 2005)은 두 사람의 놀라운 여정에 관한 내용을 담고 있다.
2. *Consolidated-Webster Encyclopedic Dictionary*(Chicago: Book Production Industries, Inc., 1964), 49.
3. Greek *basileuo*. Spiros Zodhiates, *Hebrew-Greek Key Word Study Bible, New American Standard Bible*(Chattanooga: AMG Publisher, 1977), 936.
4. Cited in Craig Brian Larson, *Contemporary Illustrations for Preachers, Teachers, and Writers*(Grand Rapids: Christianity Today and Baker, 1996), 183.

2장

1. Spiros Zodhiates, *Hebrew-Greek Key Word Study Bible, New American Standard Bible* (Chattanooga: AMG Publishers, 1977), 1820.
2. 그 밖에 월 포드 3세의 많은 기도 경험들에 대해서는 그와 내가 공저한 *History Makers*(Ventura, CA: Regal, 2004)에서 읽을 수 있다.

3장

1. Craig Brian Larson, *Contemporary Illustrations for Preachers, Teachers, and Writers*, 132.
2. Gloria Sanders, *www.Inspirationstories.com.*
3. Alice Gray, *More Stories for the Heart*(Sisters, OR: Multnomah, 1977), 247.
4. 나의 책 *God's Timing for Your Life*(Ventura, CA: Regal, 2001)에서 이에 관해 읽을 수 있다.
5. Edward K. Rowell, ed., *Fresh Illustrations for Preaching and Teaching*: From LEADERSHIP JOURNAL(Grand Rapids: Christianity Today and Baker, 1997), 217.

4장

1. James Strong, *Strong's Exhaustive Concordance of the Bible*(Lynchberg, VA: Old Time Gospel Hour, n.d.).
2. Spiros Zodhiates, *Hebrew-Greek Key Word Study Bible, New American Standard Bible*, 1707.
3. 히브리어는 *nathan. Strong's Exhaustive Concordance of the Bible.*
4. 히브리어는 *shamar.* 같은 책.
5. William Wilson, *Old Testment Word Studies*(Grand Rapids: Kregel, 1978), 236.

6. Spiros Zodhiates, *Hebrew-Greek Key Word Study Bible, New American Standard Bible*, 1774~75.
7. 같은 책, 1745.
8. Dutch Sheets와 William Ford III, *History Makers*.

5장

1. Craig Brian Larson, ed., *Illustrations for Preaching and Teaching: From LEADERSHIP JOURNAL*(Grand Rapids: Christianity Today and Baker, 1993), 48.

6장

1. Craig Brian Larson, ed., *Illustrations for Preaching and Teaching: From LEADERSHIP JOURNAL*, 261.
2. 같은 책, 258~59.
3. Bill Johnson, *www.ibethel.org*, "Tijuana Revolution"(March 2005).
4. Spiros Zodhiates, *Hebrew-Greek Key Word Study Bible, New American Standard Bible*, 1816.
5. C. Peter Wagner, ed., *Destiny of a Nation*(Colorado Springs: Wagner, 2001), 80~83.

7장

1. Robert J. Morgan, *Real Stories for the Soul*(Nashville: Thomas Nelson, 2000), 215~16.
2. Spiros Zodhiates, *Hebrew-Greek Key Word Study Bible, New American Standard Bible*, 1811.
3. Dick Eastman, *The Jericho Hour*(Altamonte Springs, FL: Creation House, 1994), 124.

8장

1. Dutch Sheets와 Chuck Pierce, *Releasing the Prophetic Destiny of a Nation*, 91.
2. 이 단어와 전략들은 *Releasing the Prophetic Destiny of a Nation*에서 찾아볼 수 있다.
3. 같은 책, 91.
4. Spiros Zodhiates, *Hebrew-Greek Key Word Study Bible, New American Standard Bible*, 1719.
5. Chuck Pierce, John Dickson 공저, *The Worship Warrior*(Ventura, CA: Regal, 2002), 108~110.
6. *Strong's Exhaustive Concordance of the Bible*, 6965.
7. R. Laird Harris, Gleason L. Archer, Jr.와 Bruce K. Waltke, *Theological Wordbook of the Old Testment*(Chicago: Moody, 1980), 793.

9장

1. 제이는 이 타개책을 어떻게 유지할 것인지에 대해 보호지구의 영적 지도자들에게 특별한 지침을 남겼다. 그들은 이 지침을 따랐고 거의 3년 동안 자살은 일어나지 않았다. 그러나 그 후에 제이가 시키는 대로 하지 않자 자살은 다시 시작되어 지난해에 세 건의 자살 사건이 발생했다. 제이는 자살이 그 세력을 더해가기 전에 이를 억제하기 위해 다시 지도자들과 함께 일하고 있다. 지도자들은 다시 책임감을 갖기 시작했고, 일반 사람들 역시 그러하다. 부모들과 조부모들, 그리고 젊은이들 스스로가 서로를 지키는 파수꾼으로 서 가고 있다. 그들이 이렇게 계속해서 제 몫을 한다면 이러한 승리는 틀림없이 지속될 것이다.
2. *U.S. News & World Report*, USNews.com, "High-Stakes Players," Liz Halloran(7/25/05).

10장

1. Dutch Sheets와 Chuck Pierce, *Releasing the Prophet Destiny of a Nation*, 75-76.
2. Bill Johnson, *The Supernatural Power of a Transformed Mind*(Shippensburg, PA: Destiny Image, 2005), 35~36.
3. 같은 책, 76-77.

11장

1. Spiros Zodhiates, *Hebrew-Greek Key Word Study Bible, New American Standard Bible*, 1804.
2. 같은 책.
3. Bill Johnson, *The Supernatural Power of a Transformed Mind*, 33~34.

12장

1. *www.holytrinitynewrochelle.org*, 2005.
2. Dutch Sheets, *Intercessory Prayer*(Ventura, CA: Regal, 1996), 15~18.
3. Craig Brian Larson, ed., *Illustrations for Preaching and Teaching: From* LEADERSHIP JOURNAL, 117.

후기

1. Spiros Zodhiates, *Hebrew-Greek Key Word Study Bible, New American Standard Bible*, 1888.

왕처럼 기도하라

초판발행 • 2007년 3월 10일
14쇄발행 • 2012년 6월 15일

지은이 • 더치 쉬츠
옮긴이 • 김애정
발행인 • 임용수
책임편집 • 조애신
편집 • 설지원
디자인 • 지은주
마케팅 • 전필영
경영지원 • 김정희, 조창성

발행처 • 도서출판 토기장이
주소 • 서울시 마포구 망원동 418-43 토기장이 B/D
출판등록 • 1990년 10월 11일 제2-18호
대표전화 • (02) 3143-0400
팩스 • (02) 3143-0646
E-mail • tletter@hanmail.net
www.t-media.co.kr

ISBN 978-89-7782-118-7

값 10,000원

"우리는 진흙이요 주는 토기장이시니
우리는 다 주의 손으로 지으신 것이라"
(이사야 64:8)